遇见

叶　健◎著

中国出版集团　现代出版社

图书在版编目（CIP）数据

遇见 / 叶健著 . -- 北京 : 现代出版社 , 2023.7

ISBN 978-7-5231-0416-3

Ⅰ . ①遇… Ⅱ . ①叶… Ⅲ . ①叶健—自传 Ⅳ .
① K825.38

中国国家版本馆 CIP 数据核字（2023）第 123711 号

遇　见

作　　者	叶　健
责任编辑	田静华
出版发行	现代出版社
地　　址	北京市安定门外安华里 504 号
邮政编码	100011
电　　话	010-64267325　64245264（传真）
网　　址	www.1980xd.com
印　　刷	三河市华东印刷有限公司
开　　本	880mm × 1230mm　1/32
印　　张	9.75
字　　数	215 千字
版　　次	2023 年 7 月第 1 版　2023 年 7 月第 1 次印刷
书　　号	ISBN 978-7-5231-0416-3
定　　价	58.00 元

序　志强者智必达

潘　琦

一个人到了一定年纪，回忆过往，遇见之人、所闻之事，如果时常会如影片般呈现于脑海，便有把这些亲身经历讲出来的想法。《遇见》便可视作广西民营企业家叶健先生的一种回忆。人生本来就是一种广义的艺术，每个人的生命史就是自己的作品。

我和叶健先生是因书法而相识，因文学而深交的。他祖籍广东，是土生土长的农家子弟。我们在参观一个书画展时初识。他中等个子，衣着朴素，气质儒雅，笑容可掬。他自报家门，自己经商创办公司，也喜欢书画，爱好文学。他给我的第一印象是个有文化的商人。后来，几经交往，我发现叶健先生身上有一种善于思考、治学严谨、勇于任事、助人为乐的品格和只要自己能赚钱、不怕别人赚大钱的思维模式。他人缘很好，结交了不少文人墨客和商界的名流。

叶健先生履历比较丰富，是个有故事的人。他早年就读于华南农学院农业机械化专业，毕业后曾执教于广西大学、就职于中国工商银行广西分行，尔后下海经商创业。如今，他又陶醉于文学艺术，舞文弄墨。四十年来，他从教、从商、从文，几度跨界，勇于探索，砥砺前行，爱一行干一行，干一行成一行，可谓精彩纷呈、硕果累累。

文人是寻梦者，叶健先生从文是一种文化自觉、文化自信的体现。他吟诗作文，抒发情怀，写了许多诗词和散文。叶健先生也习练书法。他躬耕砚田多年，寄情翰墨，摹碑临帖，博采众长，兼收并蓄。他的书法运笔酣畅、纵横起伏、气韵贯通、意境清新、节奏明快、自成一体。他是“八桂书风”的支持者和践行者。他曾出版诗词及书法专辑《诗书探笔》，得到书苑诗坛专家们的一致好评。

《遇见》定稿之后，他亲自把书稿送给我，请我写序，并希望能早点完稿。我为许多朋友的著作写过序，但给商界人士的著作写序，实属首次。晚上抓紧读完书稿，沉思良久，深为叶健先生丰富多彩的人生经历所震撼，为他艰辛创业之精神所感动，为他对文学艺术的执着追求所敬佩！

叶健先生用这部《遇见》客观写实地传达了他自己平凡而艰难的人生经历，坦诚地讲述自己的所思、所想、所感、所爱，也许当他的技巧更加圆熟之时，作品会更加动人心弦。文学的价值在于真实，从这个意义上看，《遇见》值得一读。

是为序。

2022 年 11 月

（潘琦，广西壮族自治区原党委副书记，广西壮族自治区原文联主席）

目录

第四辑　银行年华

第一辑　乡村蓄梦

电站需要蓄水，人生需要蓄梦。儿时梦想一串串，我将梦想蓄存。青年时期，我搭上了恢复高考的头班车，实现了第一个梦想——上大学。

乡情

一、我的童年

1955年农历二月十九子夜零时，我出生在广东省廉江县（今廉江市）青平公社大竹山大队（后改为窝铺大队，现为窝铺村委会）坡横村，我的父亲叶光寿、母亲曹秀珍均为地地道道的农民。我为家中长子长孙。对于我的出生，家里人非常高兴。我出生的日子与时辰，村里人都说好，民间有“男人难选子时头”之说。

不知道是因为母亲怀我的时候家境困难导致营养不良，还是有别的什么原因，我出生后体弱多病。为了好养，长辈便给我取乳名叫“阿狗”，希望我像猪狗那样好养，期待我平安长大。“阿狗”这个名字，一叫就是十几年，直到我长大后，还有人叫我“光寿狗”“坡横狗”。人们在“狗”字前面加上我父亲的名字或村名，以示我与别人家的“狗”不一样。

体弱者是否一定胆小？这两者有没有相关性或因果关系，我不得而知。我胆子小，这在村里是出了名的。我现在仍然记得，20世纪60年代，农村经常有补锅、阉鸡、阉猪的人走村串户，而这些补锅阉鸡佬一边走一边喊“阉卵哦，阉卵哦”，而不是叫“阉鸡哦，阉鸡哦”。每当那时大人就趁机吓唬我：“赶快躲起来，不然他捉你阉卵哦。”我就信以为真，每次有阉鸡佬到来时，我都躲得远远的，甚至躲到村中的树林里，直到要开饭时，家人找到我，我才敢回家。这在村中已传为笑话。

说到胆小，还有件事令我记忆犹新。因我家乡地处雷州半岛北部，打雷闪电是常有的事，小时候不知道打雷闪电是自然现象，大人为了让小孩子在打雷下雨之时好好待在家里，就编故事吓唬小孩，说什么打雷闪电是由雷公管的。雷公的外形为龙身人头，他拍一下自己的腹部，就会发出雷声。世传雷州多雷，老家有雷祠在焉，其间多雷斧、雷楔。雷公主天之灾福，持物之权衡，掌物掌人，司生司杀。但又说雷公对好孩子是保护的，只要不做坏事，就不会被雷劈。纵使这样，每当电闪雷鸣，我还是十分害怕，总得跑回家里，把大门关死。现在想起来，惧怕打雷也是好笑的，但下雨打雷时，躲在家里是最科学的，大人借此教育孩子从小向善也是对的。

同当时的大多数小朋友一样，我也是七岁上的小学。在小学阶段，我虽体弱胆小，但学习成绩一直不差，因为爱动脑爱动手，经常得到一些身材高大或年龄稍大点的同学亲近。为什么？因为我小小年纪就能帮他们做弹弓，帮他们编织用来捕鸟的网，甚至还会做用火柴充当引爆剂的火药枪。有时候，我能得到他们的一些红薯、花生之类的奖励。

二、光荣母校

1971 年 9 月至 1973 年 8 月，我在廉江县青平中学上高中。这期间，教育界吹起了一股春风：首先是始于 1968 年的毛主席批示“大学还是要办的”，接着是 1970 年开始的大学恢复招收工农兵学员上大学。1973 年 2 月邓小平同志大刀阔斧进行教育与科技领域整顿，向全社会发出了尊重知识、尊重人才的信号。

廉江市青平中学创办于 1943 年，是一所有着光荣革命传统与历史底蕴的乡镇中学。

历任校长有如下诸位。

雷世营：创办人和首任校长，是一位开明进步人士。1943 年至 1947 年任校长。

李承煜：1947 年 2 月至 1949 年 3 月任校长，他在 1949 年 3 月带领 100 多名学生投奔革命队伍，这是青平中学发展史上的一个重要事件。

杨德芬：1950 年 3 月至 1968 年 7 月任校长，在其任期内的 1960 年，将学校迁至现在的校址。

温登湖：1968 年 7 月任青平中学革委会主任，1970 年 9 月至 1979 年 9 月任校长、支部书记。

何鼎祥：1979 年 9 月至 1983 年 8 月任校长。

杨德芬：1983 生 8 月至 1985 年 8 月任校长。

劳鉴平：1985 年 8 月至 1987 年 8 月任校长。

罗盛忠：1987 年 8 月至 1992 年 2 月任校长。

张齐梅：1992 年 2 月至 1996 年 11 月任校长。

刘振隆：1996 年 11 月至 1997 年 12 月任校长。

郑志芳：1997 年 12 月至 2005 年 11 月任校长。

莫良华：2005 年 11 月至 2008 年 8 月任校长。

谭常青：2008 年 8 月至 2020 年 8 月任校长。

宋应金：2020 年 8 月至今任校长。

宋应金任校长后提出"重振青中"的口号，以"让青平学子在家门口上满意的学校"为目标，以"学生发展为核心，教师发展为基础，全心全意为学生成长服务"为办学理念，坚持德、智、体、美、劳"五育并举"培养全面发展的中学生。

学校占地 137 亩，建筑面积 21500 平方米，环境优美。2018 年，校友林祥先生捐资 1000 万元建设感恩楼，极大地助力了青平中学教育事业的发展。2022 年秋季学期有教师 138 人、学生 1956 人，设 37 个教学班。青平中学现已成为一所具有较好的硬件设施与良好的育人文化氛围，深受学生、家长欢迎的乡镇中学。

在 20 世纪 70 年代，青平中学便已是藏龙卧虎，汇聚了广东省廉江县一大批年富力强、极富才华的中学教师。其中的代表有温登湖、龙文华、陈治秋、陈增强、陆光勋、冯世权、高哲文、梁友昭、欧可安、庞余承、李坚、吴志一、廖志多、周英、黄汉、廖兴中、唐植遂、严景超、陈文、庞树枢、黄竹筠、庞玉明、黄宗武、苏逊、莫兴梓、李春芳、陈桂萱、谢德基、谭兆强、卢道达、关锡琪等。

正是因为有如此一大批好老师的到来，加上时任校长温登湖真抓实干，一时间青平中学的教学质量与影响力风生水起，而真正受益的就是我们这批青平学子了。青平中学70年代末的1977级、1978级、1979级高考上线率和录取率在廉江县名列前茅，就得益于这批老师。

这批老师在20世纪80年代后，陆续离开了我可爱的母校青平中学，到了更能发光发热的新岗位。譬如我的班主任冯世权老师，他后来到廉江一中任校长，随后又升任廉江县教育局局长，为廉江教育事业发展贡献了毕生精力。

冯世权老师，可以说他是我生命中遇见的第二位贵人、恩人。他出生于广西天等，毕业于华南师范学院（后改为华南师范大学）。他治学严谨、知识渊博，在我的心目中俨然就是偶像，我和同学们都很崇拜他。高中两年，他充分信任我，让我担任学习委员与班里的通信员。毕业时，班主任同我们全体班干部合影留念（见照片）。恩师对我一点一滴的进步都给予鼓励和肯定，而对我存在的问题，也毫不留情地批评指正。让我终生难忘的是，当他得知1977年中央决定恢复高考后，他第一时间将这一好消息告诉了我，并鼓励我尽快复习应考。由于我当时正担任民办

▲冯世权与青中二（5）班班干部合影

教师，无法全身心投入复习，所以尽管我努力复习了，高考分数也上线了，却因为志愿没有填好还是落榜了。1978 年，我再度参加高考，总分达到 332 分，被全国重点大学华南农学院（后改名为华南农业大学）农业机械化专业录取。我终于圆了大学梦！

在这里，我还要感谢我少年时期遇见的第一位贵人。他就是我初中的班主任柳荣友老师。当年，当他看到我受“读书无用”思潮的影响，无心向学、目光短浅、胸无大志，甚至还调皮捣蛋时，将我叫到办公室，进行了一次严厉的、触及灵魂深处的、刻骨铭心的批评教育，把我这个迷途少年从悬崖边拽回，让我从不求上进、不爱学习的学困生转变为勤奋好学、品学兼优的少年。没有他当年的孜孜教诲，也就没有我的今天。他的恩情我将永远铭记于心。

成功离不开贵人相助，贵人不经意间给你的一个提醒或给你的一个全新的信息，或许就可改变你的人生轨迹。正所谓“经师易得，人师难求”。

三、寻根问祖

据史料记载，叶姓源远流长，可溯源至周朝。

叶姓出自芈姓沈氏，为黄帝之孙颛顼的后裔。颛顼的后裔季连，被赐芈姓。季连的后裔鬻熊是周文王的老师，为建立周王朝立下了不朽的功勋。周成王追封前代功臣鬻熊的曾孙熊绎在荆山建立楚国，定都丹阳（在今湖北），后迁都于郢（今湖北江陵）。楚庄王有个曾孙名叫戌，在楚平王时任沈尹，又称沈尹戌，他后来任楚国左司马。公元前 524 年，楚平王出于对楚国北疆安全的考虑，册封沈尹戌之子、军功卓著的沈诸梁为楚国北疆重镇叶邑的尹，称为叶公。叶公沈诸梁是春秋末期著名的政治家、军事家，在柏举之战和平定白公之乱中，两次救楚国于危难。公元前 479 年，楚国贵族白公胜发动政变，囚禁楚惠王，沈诸梁率兵入楚都平定了叛乱，辅助楚惠王复位后，担任楚国的令尹（宰相）并兼任司马（军队统帅），集军政大权于一身。叶公的功绩德范主要表现在以下六个方面：兴修水利，惠恤万民；道德教化，法理治国；靖国安邦，军功卓著；勤政亲民，深孚众望；明辨是非，忠心为国；功高不居，举贤任能。叶公是有史以来第一个被人民群众誉为“慈父母”的官员，“近者悦，远者来”是孔子对叶公政绩的充分肯定和由衷赞赏，也是对叶公治国安邦的经验总结，更是为后世树立了县域治理的千古标杆。叶公逝世后，其后人便以封地叶邑的叶为姓氏，称叶氏，叶邑成了叶氏的发源地，叶邑也就是现在的河南叶县。

历史上叶姓名人辈出，《中国名人大辞典》中就收录了 194 人，约占各姓名总数的 0.43%。远的不说，现代的名人就有叶圣陶、叶剑英、叶挺等。他们对后辈的激励影响作用巨大，意义深远。

我所在这一支脉的祖先是从叶县到固始、光山，然后到福建莆田仙游，再到广东廉江（营仔镇下洋村）的，而我们坡横村的叶姓人家又是从下洋村搬过来的。我父亲的出生地为广东省廉江县青平镇坡横村，我母亲的出生地为广东省廉江县车板镇高山村。

坡横村是个小村落（见照片），坐落在窝铺村委会的中心位

▲坡横村俯视图

置，离村委不到 300 米，四周农田环绕，是个风光不错的自然村落。村名的由来无从考证，我想，或许是因为当年落脚此地的先祖看到周围坡地环绕，遂取名“坡环村”，而粤语的“环”与“横”难分，故被读成了“坡横村”；抑或是先祖横下一条心，要在此安居乐业，以此宣示决心。

坡横村，风景优美，人杰地灵。历来民风淳朴，团结友善，家家敬老爱幼、尊师重教、和睦相处，人人勤劳节俭、诚恳待人、奋发向上。村子虽小，但 20 世纪 70 年代至 90 年代，却出了任职时间最长、威望最高的大队（现称村支书）支队书记，他就是我的五叔——叶光福。1977 年恢复高考后，全村委几千人中第一个考上大学的人也出在坡横村。故而坡横村是个远近闻名的小村庄。

坡横村，是我的出生地，我在此度过了童年、少年时光，直至 1978 年，我 23 岁时考上大学才离开这里，这里是我魂牵梦萦的故乡。而我家的老宅就位于村子的中心位置，占地约 1000

平方米。20世纪50年代至90年代，老宅一直是泥砖结构的瓦房，虽也能遮风挡雨，但是安全系数低，每遇台风来袭，大家都提心吊胆、担惊受怕，更别说遭遇地震了。为给包括母亲在内的家人提供更好的居住条件，我于2017年在老宅原址上拆旧重建，现在看到的就是重建后的故居（见照片）。

▲重建后的故居

四、慈祥的祖母

我的祖母姓曹名凤，生于1906年，卒于2009年，享年103岁。她一生跨越清末、民国与新中国，是一位印证了“一代好祖母、三代好子孙”的人物。由于生于战乱时期且家贫，她没能接受正规教育，但她聪明，甚至可以说睿智。她善良、勤

▲祖母遗照

▲拍摄于 1998 年的全家福

▲拍摄于 2018 年春节的全家福

劳、节俭，真正影响了三代人。（见照片）

可能是祖母都爱长孙的缘故吧，据说我从还没记事起就跟着祖母一起生活，她把自己都不舍得吃的好东西留给我吃，晚上带我睡觉，给我说些口口相传的故事，教我学算术……

这些故事，而今我大多都记不清了，但有两个至今仍记忆深刻。

第一个故事是说有一个人外表有点丑，穿着也不讲究。有一天，天下着雨，他穿着一双破破烂烂的雨鞋要去上街，走啊走，走过一片田野时，看见有几位农民在插秧苗，这人就说："老乡你看现在雨停了，我这双鞋子一时用不上了，我放在这里，你们给看一下可以吗？"这时，大家看了一下这个人，觉得好怪，就说："你这穷酸样，你这破鞋子谁要你的？再说，我们很快就要完工回家了，怎么能帮你看鞋子？"那人不管这帮人怎么说，坚持要把鞋了脱下来给他们看管，并说："你们可能没那么快就收工的。"说完这人将破鞋子脱在田边就上路了。这人走后不久，这几位农民的秧苗也快插完了。说来也怪，当他们正准备收工的时候，稻田里突然跳出一条大鲤鱼，几位农民见状都不顾秧苗赶去抓鱼，想抓回家改善伙食，结果那鱼突然又不见了。而因为抓鱼，这几个人把刚刚插完的稻田又弄坏了，不得不再次补插秧苗。而当秧苗补插完，正准备收工时，刚才的场面又出现了，就这样反复几次，正当人们懊恼时，那人回来了。见这几位农民还没收工，就问他们："怎么弄到现在还不收工？"那几位农民回答说："别说了，今天碰到鬼神了。每次插完秧苗准备收工时，都会蹿出一条大鲤鱼，但又抓不到。"那人慢悠悠地说："你们呀，我劝你们今后：一、不要以貌取人，能帮人就帮，不能帮也不要说那么恶毒的话。我告诉你们，每一句恶毒的话就像一支毒箭，最后射伤的都是自己。二、属于自己的就是自己的，不是自己的就不要强求。”说完，那人扬长而去，这帮农民根本不知道，这位是来检验人性的道人。很显然，这是民间编的故事，但故事是教育人们多与人为善，广结善缘，还是很有教育意义的。

第二个故事说的是有个女人生了两个女儿，大女儿已懂事，小女儿还不懂事。有一天妈妈对大女儿说，她要出远门，晚上让外婆来照顾她们，并交代大女儿说：“你外婆左手手指背面有一颗痣，要注意识别，防止坏人把你们拐走。”不巧的是，这番话被躲在屋后的食人咪（一种专吃小孩的妖怪）听到了。等妈妈走后不久，食人咪（妖怪）假冒外婆找上门来。大女儿通过察看确认无误后，让“外婆”进来了。“外婆”为了麻痹两个小女孩还带来了水果。进门后，“外婆”假装要先给小女儿洗澡，趁着大女儿不注意，想把小女儿吃掉。当食人咪正想对小女儿下毒手时，被大女儿识破，大女儿发现“外婆”是妖怪扮的，她迅速冲了出去，并爬上了大树。这时，妖怪也冲了出来，跟着爬上了大树，假装说要给她梳头，说她的头发太乱了。这时，大女儿急中生智对妖怪说：“外婆你的头发比我的还要乱，我先给你梳吧。”妖怪信以为真，同意大女儿给她先梳头。只见大女儿不慌不忙，一边给妖怪梳头，一边悄悄地把头发绑在树干上。当快全部绑完时她故意将梳子丢下去，说是要下去捡梳子，趁机逃走了。而妖怪后来为了从树上下来，竟然连头皮都扯脱了一大块。从此，妖怪头部发炎，到处求医问药。有一天碰到一位挑盐的农民，农民说可用盐水给她消毒，趁妖怪低头让农民给她冲洗时，农夫用随身携带的大刀，将这个妖怪一刀劈成两截，说是一截丢到了水里，一截扔到了山上。后来人们说，丢到水里的那一截变成了蚂蟥，而扔到山上的那一截变成了蚊子，它们都变成了吸血鬼。这个故事简朴地说明坏蛋没有好下场，坏蛋永远是坏蛋，改不了。

祖父母所生子女，包括我父亲叶光寿、三叔叶光景、五姑叶光珍在内共有五个，但由于民国时期医疗条件极差，只存活了他们三个人。在极度困难与动荡的20世纪三四十年代，祖父母节衣缩食，仍将三个子女培养到至少小学毕业，我父亲叶光寿还读到了初中。在祖父母的培养下，我的父辈们彻底告别文盲，这是多么不容易！

祖母对我的教育、培养令我永生难忘，可以说，如果不是祖母悉心照顾培养，我也许也不会有今天。愿祖母在天之灵永安！

五、可爱的家乡

我的家乡广东省廉江市，为湛江市代管的县级市，位于广东省西南部、雷州半岛北部，与广西的合浦县、博白县、陆川县接壤。距湛江市48千米，扼粤、桂、琼三省交通门户，是大西南从湛江港出海通道的必经之路。这里是广东参与环北部湾经济圈和东盟合作发展的桥头堡，是环北部湾经济区、泛珠三角创业合作的重要区域。地域总面积2867平方千米。地理坐标为北纬21° 25′ 至21° 55′ ，东经109° 45′ 至110° 30′ 。1914年民国政府改石城县为廉江县，1993年撤县设市，下辖3个街道、18个镇。2021年实现地区生产总值516.16亿元，常住人口 182 万，是湛江市辖区人口最多、面积最大、经济最发达的县级市。

廉江市获得的荣誉称号有“中国小家电产业基地”“中国电饭锅之乡”“中国红橙之乡”“中国民间文化艺术之乡”“全国卫生城市”“全国农业生态示范市”“全国劳务输出示范市”“全国科普示范市”“全国造林绿化百佳市”“全国农田水利建设先进市”“广东省文明城市”“广东省双拥模范市”“南粤文化先进市”“广东省旅游强市”等。

廉江市深入实施“规划引领、工业强市、城乡宜居、绿色崛起”的发展战略，奋力建成宜居宜业的北部湾现代化生态园林城市，争当粤东西北县域振兴发展排头兵。

廉江市连续五年获得湛江市落实科学发展观考核第一名，连续三年获得湛江市县（市、区）经济实绩考评第一名。

2015 年粤东西北县域经济振兴指数综合评价中位列第一名，2016 年获得湛江市县（市、区）经济实绩考核第一名。2017 年全市生产总值首次突破 500 亿元，达到 530 亿元，跻身 2017 年全国县域经济 400 强竞争力排行榜第 220 位，名列广东省第 8 位。全国县级市消费力 100 强排行榜第 93 位，是湛江市唯一上榜的县（市）。

2018 年 11 月，《小康》杂志社联合国家信息中心发布了 2018 中国幸福百县榜，廉江位列其中。

2019 年 12 月 6 日，入选全国农民合作社质量提升整县推进试点单位。

廉江市拥有的旅游资源相当丰富，十大景点为鹤地银湖、唐山岭生态公园、双峰嶂、湛江市高桥红树林保护区、龙巨峰、谢鞋山、长青水库、九州丽影——九州江、山祖峰旅游风景区、廉江万亩植物园。

廉江的美食有安铺白切鸡、河唇鱼头汤、丽波烧乳猪、河唇山姜头鸡汤、车板丽景龙鲕饭、良垌广海鸡、塘蓬生焖猪肉、新民鳄鱼汤、高桥泥虫粥、廉江猪杂汤。

廉江的特产有廉江红橙、荔枝、红杨桃、番石榴、龙眼、金丝果脯、香蕉等。

回乡

一、回乡后第一份工作

1973年，“农业学大寨”运动在全国轰轰烈烈进行中，而我的家乡当时正好迎来了社会主义路线教育工作队，工作队的重要工作之一就是要推动当地开展农田基本建设，这是农业学大寨的基本要求。所谓“农田基本建设”，就是为发展农业生产在土地上采取工程措施或生物措施，兴建能在生产上长期发挥效益的设施。而对于我的家乡当年的农田基本建设来说，就是要将一小块一小块不规则的、高低不平、没有机耕路、没有给排水渠道的农田，按照田园化的方式修整成每块地长50米、宽27米（合2亩地）的标准化农田。这项工作一是任务艰巨，二是缺少技术手段，工作队员也不知道如何下手。我找到生产队队长与工作队员，主动请缨参加这项工作。经同意后，我便找来木

▲家乡农田

工工具，开始制作水准仪与直角器。就这样，利用这简陋工具，将村前农田成片地规格化，顺利地推进了生产队的农田基本建设。经过两三年持之以恒的农田基本建设，建成了机耕路纵横交错、农田平整、给排水方便快捷的基本农田（见照片），大大改善了家乡的农业生产条件。

二、两年整的农民生活

农活，也就是农业生产中的各项工作，根据农业生产的不同，工作种类也有所不同。

我的家乡主要种植的粮食作物有水稻，经济作物有花生、黄豆、红薯、芋头及烟叶、蔬菜等。

家乡每天的劳作实行三段制。早上一般七点就得起床，七点半出工，至九点收工，九点之后才吃早餐，吃完早餐稍微休息一下，十点前又得出工了，这一干就要干到中午十二点半前后。中午收工后，包括吃午饭在内休一个半小时至两个小时，下午两点半前又得出工，至少要干到六点半左右才能收工。每天劳作时间基本不少于8小时。当然，农忙农闲时节稍有差异，农忙会超过8小时，农闲略少于8小时，工作时间长短与工种安排基本由生产队队长、副队长掌握。

在我看来，最累最繁重最复杂的农活当属水稻生产，而我的家乡就是以水稻生产为主的。根据本地的气候条件，一般种两季稻，即早稻与晚稻，有时也赶种三季稻，即早稻、中稻、晚稻。而早稻一般在4月初育秧苗，5月初插秧，8月初收割；中稻一般在4月中至5月底播种，9月初收割；晚稻则于6月中下旬播种，7月中下旬插秧，10月中下旬收割。由此可以看出，农民为了种水稻，简直累弯了腰，一年中很少有闲暇时间。由于当年本地水稻生产没能实现机械化，故而这繁重的劳动全靠人与牛完成。犁地耙田全靠耕牛，而铲秧插秧全靠人工。我亲身参与了两年、四季（一年两季）水稻的生产，可以说已掌握了水稻生产全过程。水稻生产中最累的活儿应该算插秧。有句俗语说得形象——“面朝黄土背朝天”，插秧这活就是这句话的真实写照。试想一下，在太阳底下，气温高达三十七八摄氏度，需要弯着腰连续工作数小时，其劳动强度可想而知。劳作中，常常会出现农人中暑或者累到瘫倒在田埂的情况。我不能确认，我的腰肌劳损与这两年繁重的插秧挑肥农活有多大的关联度，但我认为一定存在关联性。

水稻收割与插秧相比，虽没有那么脏那么重，但也是很累人的活儿。首先是需要用镰刀一刀一刀地将稻子割倒，然后收集起来打捆，挑到打谷场等到了晚上脱粒。说来悲惨，时间已来到了20世纪70年代初，我的家乡仍用不上电，晚上照明依靠一种烧煤油的叫“汽灯”的照明工具，而脱粒不是用脱粒机，而是使用旧时留下或者仿制的类似圆柱的石头，将其制作成一头大一头小的样子，以方便转圈圈。动力还是耕牛，由耕牛牵着石柱不断回转，将稻秆上的谷子碾脱下来。这项工作每天晚上一般要到半夜十一点才可完成。这正验了：锄禾日当午，汗滴禾下土。谁知盘中餐，粒粒皆辛苦。唉，那个年代，做农民苦，种水稻的农民更加苦啊！

在劳累、苦闷、单调的农人日子里，我在思考着如何改变自己与家人的生活现状。1974年，我父亲幸运地抽到一张购买自行车的“车票”，之后倾尽全家之力，将这辆崭新的也是整个生产大队的第五辆“永久”牌自行车购回，有了这辆自行车，我高兴极了，我的活动半径也比原来大多了。当年，我就琢磨着在自留地种蔬菜，利用自行车运到十几千米外的红江农场销售。有一次，我还将家里种植的黄麻运到广西博白的龙潭公社销售，来回近100千米。还多次骑车到广西山口镇采购饲料用于养猪。有了这辆自行车，家里的生活生产条件得到了较大改善。我的生意头脑也许正是从那时萌动的。

三、煤油灯下苦读名著

这种日出而作、日落而息的日子，就这样打发着。这期间，除了有点想要改善物质生活的追求外，精神层面上还是很空虚的，不知如何是好。为了消除夜晚的寂寞、空虚，我除了偶尔走到田野仰望星空数数星星之外，大部分时间都在家里挑着煤油灯看书。我自己不知道看书有什么用，父母更不知道，因此，有时还不被父母理解，认为我在浪费煤油钱。但不管如何，我坚持利用农闲与夜晚的时间看看书，总盼着有一天用得上。那两年我看过的书，大体包括：

1. 知名作家浩然的长篇小说《金光大道》，于1972年与1974年出版的第一部和第二部；

2. 知名作家陈残云1963年出版的长篇小说《香飘四季》；

3. 司马迁的《史记》；

4. 施耐庵的《水浒传》；

5. 罗贯中的《三国演义》；

6. 吴承恩的《西游记》；

7. 杨沫的《青春之歌》；

8. 李英儒的《野火春风斗古城》。

受条件所限，连四大名著之一的《红楼梦》在当时的环境下都无法借到。但不管如何，在当年能看到这几本名著我算是幸运的。

现在回过头想想，如果没有当年的那种吃苦耐劳的精神与坚信读书有用的思想，也许就没有今天的我。我今天这点文学素养，也许是当年打下的基础。这是我人生中最为宝贵的精神财富！

由于那两年730多天的不怕苦、不怕累的劳作，生产队与生产大队的领导给予我较高评价。结束两年的农民生活后，我被推荐到广东省廉江县社会主义路线教育工作队，去接受更重要的锻炼。正所谓机会都是留给有准备的人的。

驻队

一、入驻廉江县附城公社深水洞大队

1975年9月至1976年8月，经组织批准，我被安排到廉江县附城公社深水洞大队驻队。工作队共12人。第一任队长为廉江县物资局局长赵福林，第二任队长为廉江县食品公司经理崔景贤。副队长2人，分别为廉江县石角中学副校长刘付玉昌与廉江县吉水公社的林炳礼。

深水洞大队（现改为深水洞村委会）位于廉江市区的西南，廉江穿境而过，环境优美，民风淳朴。下辖深水洞、西瓜坡等17个自然村，大队所辖面积3.5平方千米，耕地3842亩，人口4976人。有完全小学一所、卫生站一所、幼儿园一所。该大队所辖多个自然村，土地肥沃，村集体经济发展较好。种植有荔枝、龙眼等水果830亩，种植外运菜面积6600多亩，总产量达

10300多吨，是远近闻名的富裕村。

据回忆，按驻村队当年的生产生活条件，与我家乡青平分社有天壤之别。在这里，当年家家户户都基本住上了红砖房，骑上了自行车，村里还用上了电，说是来这里驻队，参加当地的社会主义教育运动，倒不如说是来这里开眼界，来这里学习人家乡村发展经验的。

经过近半个月的集体学习，根据深水洞大队的具体情况，我被安排到一个称为铺仔园的村去驻队，同时负责联系分管邻近的坡笪村。

二、开始“三同”的生活

根据工作队的纪律规定，所有队员必须住进农户，与农户“三同”，即同住、同吃、同劳动。我幸运地被安排住进生产队队长家。队长姓刘，名灼雄，当年五十出头。其家分上下两层，中间连接部分用混凝土硬化，感觉很整洁。我不知道工作队按什么标准给他生活补贴，但伙食上，我总体感觉还不错。每天能吃上两顿干饭，每周都能吃上一点猪肉。这比我家乡强多了。我每天除了工作队集中开会、外出参观学习，基本上就是同队长一起参加生产劳动。而晚上的时间大多用来走访农户，了解社情民意。

三、为改变驻村面貌献计献策

铺仔园村，位于深水洞大队的西南面，全村200多人。为三姓聚集地，分别为刘姓、李姓、罗姓。各姓人口基本相近，村风淳朴，人们尊老爱幼，邻里和睦，经济发展水平在深水洞大队属中下游。是什么导致经济上不去呢？我自入驻起，就在思考这个问题。为了摸清情况，我多次同村里的一位老知青李耀航促膝交谈。据了解，李耀航是“文革”时期的高中生，他说他的哥哥毕业于某地质学院，在外地工作。老母亲在家由他照顾，李耀航对自己的村子经济发展落后于别的村子的原因也进行过不少分析。他认为主要原因有三点：一是领导稍软弱；二是村中人不够团结；三是土地水肥条件不如别的村。他也提出一些好建议，比如说要加强队长领导能力培养，对村里的农田进行改造，即开展农田基础建设。在广泛调查研究的基础上，我提出了改变驻村面貌的思路。

（1）加强领导班子建设

针对队长领导力不足的情况，我找了两位队长，队长刘灼雄，副队长李耀汉，进行商讨，鼓舞他们要敢想、敢干、敢抓。经过多次谈话，特别是副队长李耀汉领导能力提高很快，据了解，在我离开该村不久后，他便当上了队长。

（2）开展农田基本建设

据了解，村中前面那片农田，由于缺少排水渠道，一旦下大雨，经常出现积水的现象，致使农作物减产或绝收。为了解决这一问题，我利用在家乡搞农田基本建设的经验，同村民们一起规划一起施工，经过几个月的奋斗，终于完成了对一条近500米长排水渠道的疏浚工作。从此，这片农田旱涝保收，得到村民的赞扬，说我来这里驻队一年解决了村里几十年想解决却没能解决的大难题。

（3）对贫瘠土地进行改良

我的建议一是利用冬闲地种绿肥，二是带队员到几十千米外的海边去收集有机肥带回来给农作物做肥料，改变单一施用化肥的不良做法。

（4）积极培养年轻人

村子的长远发展要靠一批有专业知识又有理想抱负的青年去推动。为此，我主动与年轻人培养感情，与他们多交流，鼓励他们为家乡的发展贡献聪明才智。比如说，有个叫李峥嵘的青年，通过同他交心，他很认同我的人生观、价值观，很愿意为家乡的发展出力。听说我离队的第二年他应征去了部队，后来在部队入了党，我在广州读书时，他还利用探亲假从部队专程去学校探望我。

历经整整一年的驻队锻炼，我既为当地经济与社会的发展出了一点微薄之力，同时，我也从中学到了不少东西，受益终身。与几位年轻工作队员分别时，还专门去照相馆照了相以作留念（见照片）。

▲深水洞工作留念

由于与驻队社员建立了深厚感情，我上大学及参加工作后曾多次回去探望过他们，队长李耀汉也曾经到南宁探望过我（见照片）。

▲我与李耀汉合影

教书

一、我的第一份正当职业

民办教师是指在我国中小学中没被列入国家教员编制的教学人员，是农村普及中小学教育补充师资不足的主要形式，是我国在特定历史条件下形成的中小学教师队伍重要组成部分，是农村普及九年义务教育的一支重要力量。据统计，截至 1977 年底，全国民办教师多达 491 万人，但随着改革开放的推进，国家通过“关、转、招、辞、退”五字方针，逐年解决了民办教师问题，至 2000 年，基本结束了长期以来的公办、民办教师并存的局面，民办教师退出历史舞台。但几十年来，广大民办教师忠诚于人民的教育事业，在基层尤其在乡村学校做出了重要贡献，我为自己能成为其中一员而感到自豪。民办教师是我人生中的第一份正式职业，我热爱这份工作，虽然任教时间不长，但我与师长、学生都结下了深厚的情谊，终生难忘。虽然当时待遇不高，每年生产大队发给谷子250千克，学校每年生活补贴72元（每月6元），但我依然兢兢业业，无怨无悔，为之奉献了两年青春年华，并把基层教育作为我的第一份事业去奋斗。

二、被领导委以重任

窝铺小学，说是小学，其实从1969年起已设立了初中部。1976年，全校当年从小学（当时小学五年制）到初中（当时初中为两年制）共有7个班，学生300多人，公办、民办教师共9人，其中公办教师（含校长、教导主任）5人，民办教师4人。

我刚加入教师队伍时，校长谢维廷、教导主任黄超老师找我谈话，让我做五年级的班主任，教五年级语文与数学，之后跟班教学，希望一直带到初中毕业。不久后由于工作需要，又让我代教初中物理课。就这样，我一人须教三门课，对我这样一名只是高中毕业、刚加入教师队伍的人来说，压力之大可想而知。但领导的信任，就是对我最大的支持。我必须豁出去蹚出一条路来。

首先，我开始夜以继日地学习补课，钻研教学方法。我除了深入研究领会教学大纲外，还必须找到让学生爱学习、勤动脑的教学方法。在尚未恢复高考前，当年“读书无用论”还广泛存在于家长和学生头脑里，为消除“读书无用论”影响，我采用培养尖子生，以尖子生带动全班的做法。

我记得班里有几个学习好的苗子，如曹锦、温其辉、黄日娟等。通过给他们多鼓励多指导，后来这三人的学习成绩迅速提升。据了解，其中曹锦（后改名曹志明）后来还考取了华南农业大学园艺系，温其辉也考上了重点高中，但是他因为家贫而放弃了升学。

其次，努力提高自己的综合教学质量。教师，按传统说法，其作用是：传道、授业、解惑。我本人也是基于这三点来进行教学探索和提升的。当年，为了更好地完成领导的重托，我做过许多努力，进行过许多教学思考。

“传道”，就是要求自己作为老师，一定要言传身教，在传授知识的同时，注意培养学生的人格品质。所以，我在平时，就尽可能利用自己的良好品质与精神气质去影响学生，潜移默化的影响让学生有了独立的人格并形成了正确的价值观与世界观。

“授业”，就是要求自己作为老师，在传授基础知识与基本技能的同时，要有足够的知识储备，并利用适当的方法传授给学生。而对于枯燥不好领会的内容，我尽可能采用通俗易懂的方法去讲授，比如做实验等，充分调动学生的积极性更好地完成教学任务。

“解惑”，就是自己作为老师，既要有效地解决同学的困惑，同时也要发掘同学勇于质疑的精神。

总之，作为老师只有在传道、授业、解惑三方面做好了，才能培养出合格乃至优秀的学生。

三、辜负了领导的期望

从我进入学校的那天起，我就感受到了校领导对我的厚爱与期待。在住宿条件相当困难的情况下，时任教导主任的黄超老师专门将他住的房间一分为二，给我腾出半间房，让我有一个床位与写字台，以便我更安心、更方便地开展教学工作。他还经常组织老师们听我的课，进行点评，一句话，就是要让我更快成长，挑起学校教改的重担。对领导的关怀与帮助，我铭记在心，也暗暗下决心，要做出成绩，回报领导，回报学校。

正当我想把教师这一职业当作终身事业来做的时候，1977年10月12日，国务院正式宣布恢复高考。恢复高考的消息，在我心中荡起阵阵涟漪。我究竟是安心做好民办教师，还是复习参加高考呢？我又走到了人生的十字路口，经过权衡，我做出了一边教学一边复习备战高考的决定。1977年，我参加了高考，因成绩刚过线但志愿没填好而落选。1978年，我申请停课三个月复习应考。最终，我圆了大学梦，但离开了工作岗位，也辜负了领导的重托与期望。

逐梦

一、我的当兵梦

我的当兵梦始于1971年，那年春节，我的一个表哥曹济森从广西凭祥的边防部队回乡探亲，我有幸近距离见到人民子弟兵，看到他穿着笔挺的军装，无比威风。据说当时军装是用的确良面料做的，而我之前见都没见过。1973年，他复员回乡，被招工进了廉江县当时最大的工厂——廉江氮肥厂工作。他进城端上了“铁饭碗”，我感觉他很有出息。因而我高中毕业后就想走他的从军路，进而离开农村。

我的当兵梦进一步升级是在1973年。那一年春夏之交，我随高中毕业班同学来到湛江港参观，借机去拜访了我的姨丈罗汝章，他当年在南海舰队海军医院任团级医师。看到他的住房和生活条件，我羡慕极了。据说，他当年每月工资有160多元，

▲ 1974 年与应征当兵的同学一起合影

分配有三室且带厨房、卫生间的房子。临走时，他给我送了一支当年很名贵的自来水笔，这支笔一直伴我多年。正是受此影响，加之当年强烈的想要离开乡下的愿望，1974 年冬，我报名应征。记得当年到我家乡征兵的是驻广东翁源的某军。只可惜我体检没通过，体检医生说是我心率太快，不适合当兵。就这样，我的第一次当兵梦破碎。这一年相约应征的三位同学欧锡江、曹慧和我（见照片），只有欧锡江（后排者）如愿入伍。

为了增强体质，以备再次应征体检过关，第二年我还找人学了两三个月的武术。1975 年冬，还在外地参加社教工作队的我，再次报名应征。据回忆，当年所招的兵是要到河南确山去的。我再次因为同样的原因——心率过速，而没能入伍。虽然当年没能走进那里的军营，但 1984 年，我参加工作后，因为出差去河南洛阳，我专程前往军营探望在那里服役并已当上了营长的儿时玩伴曹基，也算了却了自己的当兵梦。

两次应征，均因为心率过速未能如愿入伍。我真的有心率过速的毛病吗？我想不是的，我大学体检没有问题，就是现在心率也很正常，这极可能是当年太紧张，太想入伍，太想通过入伍改变自己命运的缘故吧。

二、我的大学梦

两次应征入伍梦破灭后，我将目标转至工农兵推荐上大学这条路。1976 年，经大队党支部推荐，我荣幸地上了县教育局工农兵上大学的体检名单。这次体检倒是顺利过关了，未见有什么心率过速现象。但这次却因为别的因素，也许我当年一不是党员，二不是大队干部，还是落选了。反正最后一年的工农兵推荐上大学的机会失去了，不然我可能就是个工农兵学员了。

时间来到 1977 年，国家废止了工农兵推荐上大学的制度，开启了通过高考选拔大学生。这一年，我参加了人生中的第一次高考，考分多少现在已回忆不起来了，但当年是上线了的，并已通过了体检，但志愿没填好没被录取，我的上大学梦再次破灭。

1978 年，我参加了人生的第二次高考。据历史资料，1978 年，全国高考报名人数为 610 万，原计划招生 29.3 万，后增加近 11 万，共录取 40.2 万人，录取率为 6.6%。而广东省当年高校本科总分为 500 分，录取分数线为 198 分。我总分是 332 分，能以高出录取分数线 134 分的成绩圆了自己的大学梦，是自己不断与命运抗争的结果。

另外，我高中同届同学约 250 人（5 个班，以每班 50 人计），参加当年高考的没有统计有多少人，但确认上一本线的就两个人，这两人中一位是林雪凤同学，她被华南工学院（后改为华南理工大学）造纸专业录取，还有一位就是被华南农学院（后改为华南农业大学）农业机械化专业录取的我。

第二辑 省城求学

1978年9月，我终于跳出“农门”，离开了生我养我23年的农村，来到了无比向往的省城——广州求学。据了解，我是我们生产大队几千人在新中国成立后走出去的第三位本科大学生。我终于圆了自己的大学梦，也结束了家族里没有大学生的历史。

华农，我来了

一、第一次来到省城

广州，广东省会，距离我家乡廉江县有500多千米。在上大学前，我从没到过这座大城市。

1978年9月初，我带着大学录取通知书，随身带着简单的行李，踏上了赴广州求学之路。记得启程前一晚，借住湛江市赤坎区靠近长途汽车站的一家旅馆，第二天早上5点多就起床，赶往车站坐车。当年，从湛江至广州，我不知道是否有直达班车，但我与同乡同学梁静选择的是从湛江至广州的水陆联运票，即先坐汽车至江门市，然后下车从江门坐轮船前往广州。由于当年的交通工具落后，路况差，从湛江到江门的省道约400千米，班车需要走十几个小时。在湛江上车时，天刚蒙蒙亮，而到了江门已是傍晚时分。到了江门后，我们转坐轮船沿珠江上广州，在轮船上睡一晚，第二天早上约七八点到达广州珠江的大沙头码头。就这样，历经车船二十几小时颠簸，我来到了心驰神往的广州。虽然劳累，但我全然不知疲惫。一出码头，就见到了来迎接新生的老师和同学，我第一次出远门就这样平安顺利地来到久仰的广州。坐上了校车，经过一个多小时的路程，我来到了坐落在广州天河区的华南农学院校本部，第一次踏进了大学校园。

二、厚重的历史底蕴

华南农业大学是广东省五所（中大、华工、暨大、华师、华农）老牌著名高校之一，是全国重点大学，国家“双一流”建设高校。

华南农业大学始建于1909年，是一所以农业科学为优势，以生命科学为特色，农、工、文、法、艺术等学科全面发展，具有鲜明的热带、亚热带特色的综合性大学。

学校悠久的办学历史，可追溯到始创于1909年的广东全省农事试验场及附设的农业讲习所。1917年，农业讲习所扩办为广东公立农业专门学校，并且增设林学专业。1924年，孙中山下令将广东省高等师范学校及广东公立法科大学和广东公立农业专门学校合并为国立广东大学，并设立广东大学农科学院。

1926年，随着广东大学更名为国立中山大学，学校成为国立中山大学农科学院，1931年，更名为国立中山大学农学院。

岭南学校农学部于1921年更名为岭南农科大学，1927年更名为私立岭南大学农学院。1952年11月10日，国立中山大学农学院、私立岭南大学农学院、广西大学农学院畜牧兽医系病虫害系（部分）合并组建为华南农学院，隶属农业部主管，毛泽东主席亲题“华南农学院”校名。1958 年，从华南农学院、湖南农学院分离出广东林学院独立办学。1964 年，广东林学院、湖南林学院合并组建为“中南林学院”。1970 年 10 月，华南农学院与中南林学院合并为“广东农林学院”。1975 年，广东农林学院再拆分，两校独立办学。1977 年 9 月，学校复名为“华南农学院”。1984 年 9 月，学校改名为“华南农业大学”。

1994 年，农业部与广东省人民政府签署协议共同建设华南农业大学。1996 年、1997 年，华南农业大学分别通过广东省省属 211 工程部门预审和立项论证。2000 年，国家深化高校管理体制改革，华南农业大学由农业部划归广东省主管。2014 年，华南农业大学被教育部评为“全国毕业生就业典型 50 强高校”。2015 年，华南农业大学成为广东省高水平重点建设高校。如今的华南农业大学，已发展成为一所以农业科学、生命科学为优势，农、工、文、理、经、管、法、艺等多学科协调发展的综合性大学。

艰辛而又充实的大学生活

一、为什么是华农农业机械化专业

在我当年填报的志愿中，应该填报了华工、华师与华农三所学校。当年乃至现在，中大、华工、华师、华农与暨大都是广东省最具盛名的五所老牌大学，由于中大与华工的录取分数稍高，为了避免重蹈 1977 年填报志愿不当致使落选的情形重现，我将目光重点放在华南师范学院，因为自己曾经是一名民办教师，以期毕业后能成为一名正式中学教师，而不至于依靠民办教师转正来实现自己的理想。而填报华农，是因为其农业机械化专业深深地吸引着我。想当年，国家提出要加快实现农业机械化。关于黑龙江友谊农场的农业机械化的新闻报道深深地打动了我，我想学成后为我国农业机械化出点力。同时，整整两年的日出而作、日落而息的繁重农业生产体力劳动，也让我埋下了通过先进知识技术来改变农村农业落后面貌的志向。再有，农业机械化专业虽然设置在华农，但它却是个地地道道的工科专业，我也渴望今后成为一名工程师。就这样，我被第二志愿的华农农业机械化专业录取了。我以能进华农农业机械化专业学习为荣。

二、农业机械化专业的课程设置

我所在的1978级（1982届）的主要课程有：高等数学、英语、理论力学、材料力学、普通物理、有机化学、机械制图、电工与电子技术、机械原理、机械设计、发动机原理、液压与传动技术、公差与配合、汽车与拖拉机、农机运用学、农机修理学、毕业实习与毕业设计等。

据了解，现在2020级农业机械化及其自动化专业的主要课程有：计算机基础程序设计、工程制图、工程力学、机械设计基础、机械制造基础、机械工程材料、液压与气动技术、工程热力学与传热学、电工与电子技术、测控技术基础、自动控制原理、现代测试技术、机械CAD/CAM、汽车与拖拉机、农业机械化、电机一体化与过程控制工程、规划与管理等。

由此可见，经过近40年的发展，如今的农业机械化及其自动化的课程与当年农业机械化已有很大的不同，这也是与时俱进吧！

三、前两年学得比较吃力

上大学后要学英语。当时的农村，高中阶段才开设英语课，高中两年仅学习过26个英文字母、音标及少量单词与语法。进大学校园时，我那点儿英语知识差不多全忘了。大学的英语课，我们学生学得很难，我的大学英语真的是从 26 个英文字母学起（当时 26 个英文字母背不出来）。老师教得也难，是因为在一个班里，有的人基础比较好，像广州市的一些同学基础明显比农村来的同学好得多。我们班有个东莞来的同学，名叫赖柏伟，他考上大学前，就在自学英语，准备出国；另有个新会来的同学，名叫赵卓新，他是老三届高中生，且有海外关系，也一直在学英语。他们的英语水平不知道比我高了多少倍。由于同学之间英语水平参差不齐，老师讲快了我们跟不上，老师讲慢了一些同学又不耐烦。为了跟上老师讲课进度，我采取了多复习加预习的方法。多复习，就是课后多读、多写、多记，多听当时做不到，因为连收音机、录音机都没有。同时多向同宿舍的同学赵卓新请教。就这样，我起早贪黑，勤学苦练一年，才慢慢追了上来。虽然现在 40 年过去了，但自己还能借助字典看点英文，这就是大学时期打下的基础。

高等数学就更不用说了，一样吃力。初涉高数，我感到深奥玄妙，但也充满兴趣。我们当年的高数教材《高等数学》，主要内容包括：数列、极限、微积分、平面解析几何、空间解析几何、线性代数、级数、微积分方程、多元函数的偏导数与二重积分、矩阵以及概率论与数理统计等。

高数老师名叫徐秀珍，其音容笑貌我至今记忆犹新。课堂上她深入浅出地讲解，课后认真负责地辅导与批改作业，给我们留下了深刻的印象。

当她讲到极限概念时，我特别不容易理解。而后经查阅资料才知道，原来极限是数学中的分支，是微积分的基础概念。

而极限思维，也是近代数学的一种重要思维方式。数学分析就是以极限概念为基础、极限理论（包括级数）为主要工具来研究函数的一门学科。而所谓“极限思维”，就是指用极限概念分析问题和解决问题的一种数学思维。它揭示了变量与常量、无限与有限的对立统一关系，是唯物辩证法的对立统一规律在数学领域中的应用。借助极限思维，人们得以从有限认识无限，从不变认识变，从直线构成形认识曲线构成形，从量变去认识质变，从近似认识精准。原来极限概念、极限思维如此深奥、如此重要。难怪我当时摸不着头绪，现在才明白原来极限思维就是人类认知四大思维——全面思维、局部思维、极限思维、变量思维之一。这也许就是学习高等数学的重要意义所在，是学不学高数的区别之处。

对于没有系统学习过中等数学的我来说，学习更高阶的微积分、平面与空间解析几何、线性代数、级数、常微积分方程、二重积分、矩阵以及概率论等同样吃力，特别是不定积分、微积分方程及无穷级数等更是难上加难。但由于慢慢地掌握了学习高等数学的一些方法，加之多看书多做练习，多与同学交流，我终于顺利完成高等数学各门类考试，并取得了较好成绩。

通过学习高等数学，我深深认识到，高等数学作为一门基础学科，其高度的抽象性、严密的逻辑性和广泛的应用性，是推动社会进步的重要基础。因为有了数学高度的抽象与统一，我们才能深入地揭示事物的本质规律。有了严密的逻辑思维，我们才能在分析问题、解决问题中找到事物的规律性，找到最佳解决办法。所以说，数学是一种思维方法，学习数学的过程就是思维训练的过程，这一点不假。学好高数，受益终生。我的高等数学，经过努力考了 92 分。

机械制图是机械工程类专业的一门必修的技术基础课。其主要任务是培养学生具备画图能力与识图能力，以培养看图能力为主、画图能力为辅。

课程主要是研究怎样将空间物体用平面图形来表达出来，怎样根据平面图形将空间物体的形状想象出来。该课程从正投影的基本理论入手，培养学生具备一定图形表达能力、识图能力、空间想象力和思维能力及绘图技能。该课程，说实话，难度不算很大，但要学好也不容易。其难点就在于正等轴测图与三视图的画法上，往往是看到平面图想象不出立体图形，这是由于上大学前基本没有进行过空间思维与想象能力训练所致。

我经过学习，后来基本掌握了正等轴测图与三视图的画法要点。一是正等轴测图与三视图都是针对组合体来画的。所以在作图之前首先要采用形体分析法来分析该组合是由哪几部分组合而成的，组合的方式包括叠加与切割。二是在分析清楚的基础上，依次画出各个部分的三视图，画图时要充分考虑到三视图之间的关系，即所谓的长对正、高平齐、宽相等，这三点我至今不忘。三是充分考虑到各个部分之间的相互关系，画出它的截交线和贯通线，这就需要掌握典型截交线和相贯线的画法。

学习机械制图的第二个难点，就是手工绘制机械图纸。由于 20 世纪 70 年代末 80 年代初计算机尚未普及，工程制图没有计算机可用，更没有什么制图软件。图纸全靠笔、尺、纸、规、板与橡皮这些制图工具完成。所以制图是件很繁杂的工作，一不小心就可能搞错，搞错了就得用橡皮擦去再画，严重时需重新画。记得手工绘图用笔为 HB 的铅笔，画图前，需将铅笔削成圆锥形状，而削好笔是画好图的前提，正所谓“工欲善其事，必先利其器”。

记得大学期间绘图工程量最大的作业是“变速箱的设计”。学机械工程的都知道，变速箱是用来变更转速比和运动方向的装置。广泛应用于汽车、拖拉机、船舶、机床和各种机器上，用来按不同工作条件改变由主动轴传到从动轴上的扭矩、转速和运动方向。它是作业机械的重要总成。我们要画的就是变速箱的零件图、部件图与总装图（总成图）。人生第一次动手设计的变速箱图纸，几经修改，在老师同学的帮助下，历时两个多月终于完成。我经受了一次系统的锻炼，为我今后走向社会交出了一份较为满意的答卷。虽然图纸没有付诸生产，尚属纸上谈兵，但实实在在地让我实现了由拿锄头干体力活到拿铅笔干脑力活的人生转变。经努力，机械制图课程考试我也取得了 85 分的较好成绩。

第一学年开的课还有理论力学。仅依靠从高中阶段学到的那点时间、速度与距离三者相互关系的物理知识来学习理论力学，难度也不小。

理论力学，是研究物体机械运动的基本规律的学科，是固体力学的一个分支，它是一般力学各分支学科的基础。而理论力学，通常分为三个部分：静力学、运动学与动力学。静力学研究作用于物体上的力系的简化理论及力系平衡条件；运动学从几何角度研究物体机械运动特性而不涉及物体受力；动力学则研究物体机械运动与受力关系。动力学是理论力学的核心内容，也是理论力学的难点。说实话理论力学也不好学，挂科率极高，总体感觉是听课容易做题难。我们的任课老师龚茂伋在课堂上将理论力学的理论讲解得深入浅出，让我们觉得不难，但是在应用这些理论解题时，通常就会遇到不少困难。这是因为，我们面对的问题千差万别，解决问题的思路又依赖于对基本概念、基本理论和方法有个清晰和深刻的认识。如果基本概念、基本理论和基本方法掌握不好，就必然会遇到困难。因此，需要特别注意加深对基本概念、基本理论和基本方法的认识，灵活运用。而要做到这一点，唯有多做题、多实践，反复理解、反复应用，才有可能融会贯通，最终掌握。

还好，经过自己的努力，理论力学这门功课不仅没挂科，而且考试成绩还不错，考了 85 分。

第二学年下半学期（第四学期）开了材料力学课程。材料力学是一门怎样的学科呢？材料力学是研究材料在各种外力作用下产生的应变、应力强度、刚度、稳定性和导致各种材料破坏的极限。一般是机械工程和土木工程以及相关专业的大学生必须修读的课程，学习材料力学一般要求是学生先学高等数学和理论力学，这也是材料力学课程安排在第四学期的原因。材料力学所研究对象主要是棒状材料，如杆、梁、轴等。而对于桁架结构的问题在结构力学中讨论，板壳结构的问题在弹性力学中讨论。

材料力学为固体力学的一个分支，是研究结构构件和机械零件承载能力的基础学科。其基本任务是：将工程结构和机械中的简单构件简化成一维杆件，以保证结构能承受预定的载荷，选择适当的材料、截面形状和尺寸，以便能设计出既安全又经济的结构构件和机械零件。

在结构承受载荷或机械传动运动时，为保证各构件和零件的正常工作，构件和零件必须符合如下要求：第一，不发生断裂，即具有足够的强度；第二，构件所产生的弹性变形不超过工程允许的范围，即具有足够的刚度；第三，在原有形状下的平衡应是稳定平衡，也就是构件不失去稳定性。对强度、刚度和稳定性这三方面要求，有时统称为“强度要求”，而材料力学在这三方面对构件所进行的计算和试验，统称为强度计算与强度试验。

为了确保设计安全，通常要求多用材料和用高质量材料；而为了使设计符合经济原则，又要求少用材料和用廉价材料。材料力学的目的之一，就在于合理地解决这一矛盾，为实现既安全又经济的设计提供理论依据和计算方法。

在人们运用材料进行建筑、工业生产的过程中，需要对材料的实际承受能力和内部变化进行研究，这就催生了材料力学，运用材料力学知识，可以分析材料的强度、刚度和稳定性。材料力学还用于机械设计，使材料在相同的强度下，可以减少材料用量，优化结构设计，以达到降低成本、减轻重量的目的。这就是我们机械工程专业学生必须开设材料力学课程的原因。

材料力学与前一学期开设的理论力学相比，我感觉似乎容易一些。总结起来，材料力学课程的主要内容包括：杆件的拉压及扭转、弯曲内力应力及变形，应力状态强度理论及组合变形、能量法与超静定问题、压杆稳定问题。而材料力学的压杆稳定知识，我至今还有所记忆。在材料力学中，衡量构件是否具有足够的承载能力，要从三个方面考虑，即强度、刚度与稳定性。而稳定性是构件在外力作用下，保持其原有平衡状态的能力。在细长压杆失稳时，应力并不一定很高，有时甚至低于比例极限。可见这种形式的失效，并非强度不足，而是稳定性不足。因此，对于轴向受压杆件，除应考虑其强度与刚度外，还应考虑稳定性问题。

在工程及生活中，有许多稳定性问题。根据材料力学定义，杆件丧失直线状态的平衡，过渡到曲线状态的平衡，就称为丧失稳定，简称失稳。

生活中，我们可观察到一些有趣现象，比如两个身高不同的人，一个身高 190 厘米、一个身高 160 厘米而体重相同的他们去挑相同重物，如挑 50 千克重物，你说哪个腰椎弯曲更多呢？可以想象，190 厘米的人弯曲度更大些，这实际上就是相当于失稳。也许这些有趣的现象，是让我对压杆稳定理论至今不忘的原因之一吧。

经过不懈努力，材料力学的考试也顺利过关，考了 94 分。

第一、二学年，还有一些其他课程，如政治经济学、普通物理、机械原理等，就不一一述及了。总而言之，大学四年，感觉基础课、专业基础课都比较难，这也许是刚刚进入大学前两年学习方法不当，也许是自己基础太差，亦有可能是基础课与专业基础课的确比较难，或者三者兼而有之。

四、快乐而又充实的大学生活

（一）享受“供给制”式的生活

我们这代大学生中的一部分人可以说是时代的幸运儿，我们幸运地遇见了改革开放。对我们这一届来自农村的大学生，党和政府还提供了四年的生活费补贴，每人每月领到饭菜票18元，零用钱2元，合计20元，过上了“供给制”式的生活。

现在的年轻人对当年每月18元的生活标准或许没概念。因为现在吃一碗米粉都要差不多十几二十元。可我们当年每天0.6元，每餐0.2元包饭菜，还吃得很好。我仅仅记得，我1978年的大学体检表体重是48千克，而第一学期结束后，我的体重一下子升到了54千克，比入学时重了6千克。按此计算，相当于每周增重600克，这是什么样的生活水平才能达到的啊！这也说明我入学前后的生活水平天差地别，我必须永远牢记党与政府的亲切关怀，让我一个农村孩子不靠家中的任何支持，顺利完成四年大学生活。说每餐0.2元的伙食餐标，可有四两米饭加两荤一素，可能现在的年轻人不信，但事实确实如此。1978年的大米价格为0.24元/千克，大白菜价格为0.04元/千克，猪肉价格为1.70元/千克。当年的物价与现在相比，真是天壤之别。

（二）住上了旧中大学生宿舍

当年我们农业机械化专业共招三个班，每班31人，其中每班男生28人，女生3人。我们都被安排住进华南农学院的五山校区宿舍。据考证，这些宿舍楼是为20世纪30年代国立中山大学建设的。这个五山校区学生宿舍楼共四栋，我们班被安排在4号宿舍楼，每间宿舍共设上下铺8个床位，住7人，剩下一个床位用来放行李箱。在当时条件下，房间虽无空调，甚至连电风扇也没有，淋浴房也无热水器，但一个土包子能住上原中山大学的宿舍楼，已感到幸福无比。

（三）在红满堂接受新生教育

记得入学的新生教育是在华农的标志性建筑红满堂进行的。第一次走进红满堂，就被其宏伟壮观的大堂震撼。原来，红满堂是华南农学院的文化符号，是标志性建筑，是全国首个砖拱建筑，被称为“广东壳”。1958 年，在当时技术革新的浪潮下，华南工学院的李淑敏、蔡益铣大胆采用砖拱结构，试验性地建成了红满堂。它 700 多平方米的大厅，没用一根柱子，这是全国第一个砖拱驳壳建筑。

入学后的第一堂课就是在红满堂听取华南农学院时任院长、中科院院士（时称学部委员）赵善欢教授的动员报告。赵院长是中国著名昆虫学家、昆虫病毒学家、农业教育家。听了他的生动活泼、知识渊博的报告，我们备受鼓舞，决心为我国农业现代化、机械化的发展做出自己的贡献。

1982 年，大学毕业时，拿到毕业证书、学位证书，让我们倍感荣幸。

（四）在古香古色的教学楼开课

当年华南农学院农业机械化系的教学楼是位于华农西区的原中山大学农学院的两栋仿古建筑（见照片），经查看落成标志，该大楼建成于 20 世纪 30 年代，红墙绿瓦，庄严肃穆，中间由一圆形的花园连着，课余时间我们可在花园散步聊天，很是快乐。

这两栋楼中，一栋为行政教学用，另一栋为科研实验用。由于我们本专业年级共有 90 多位同学，所以大课基本都被安排在教学楼二楼的大教室进行。该教室较狭长，老师上课没配扩音器。坐在后面听课较吃力。故此每天上课为了占到好位置，有的同学不是提前到达就是急行军，还经常出现为同学“霸位”的现象。当年同学都以占到听课的好位置为乐，真是苦中有乐啊！

▲华南农学院教学楼之一

（五）图书馆是课后的好去处

当年华南农学院的图书馆，就位于红满堂的对面，该建筑立面上依旧保留着旧中大建筑风格的装饰图案。这座当年华南农学院时期的图书馆，据说现在已改为华南农业大学博物馆了。

到教室“霸”座位，赶图书馆“抢”位置，可以说是我们当年大学生的一道风景线。基本是教室、图书馆、饭堂、宿舍四点一线。

由于我当年在广州举目无亲，周末唯有泡图书馆。因为在知识海洋里能忘记时间，忘记烦恼，还能学到知识找到乐趣。

（六）冬游广州白云山

1978 年 12 月，我们班第一次组织班会活动。活动内容就是游白云山。从学校所在地的五山到白云山有 10 余千米，我们先坐公车到山脚下，然后徒步完成攀登，难度可想而知，但由于当时年轻，加上是集体活动，一点也不感到疲惫，反而感到无比兴奋。

白云山，位于广州市白云区，为南粤名山之一，自古就

▲游白云山班级合影

有“羊城第一秀”之称。白云山山体相当宽阔，由30多座山峰组成，为九连山的支脉。全域面积达28平方公里，其中特别保护范围的面积为20.98平方千米。主峰摩星岭约高382米。

白云山是广州市风景区行业的第一家国家5A级旅游景区，也是广州市唯一同时拥有全国文明风景旅游区、国家5A级旅游景区两项荣誉的景区。

游白云山，在20世纪七八十年代，对于远离广州500多千米的乡下人来说，实在是连想都不敢想的事。而我随着来到省城读书，终于真真切切地来到了白云山，呼吸到了山上清新的空气，吃到了山上的美食，还拍下了珍贵的班级合影（见照片）。

（七）生活点滴

四年大学生活，我在广州过了三个暑假，暑假从来不回家，为什么不回家呢？因为回家一是得花车费。二是很辛苦。往返一趟车费及其他费用二三十元，还得舟车劳累四十五个小时。三是不回家还可在学校找点勤工俭学的事做，以补充学费、生活费。那个年代不像现在，打工挣钱没那么容易，有力也无处用。故暑假只能找到农学、园艺系老师，帮他们干点活，比如给农作物除草、喷药、施肥之类的零散农活，但这种农活一是不多，二是不稳定，挣得的钱也较少。

记得有一次，听说学校有批基建用木材由水路运至广州黄埔港附近，需要找十几个搬运工去搬运、装车，我高兴极了。后来我们班在校的十多个男生把这活接了，大家不辞辛劳，甚至不顾安危，泡到珠江里好几个小时，把那批漂浮在水面的木材一根根拉抬到岸上，然后装车，运回学校。那一次劳动，是假期挣得最多的一次，有好几元。这也是苦中有乐之事了。

（八）题外话

20世纪70年代末80年代初，物资还很匮乏。说起来，现代年轻人可能不信，还以为我们在忆苦思甜，进行思想教育。

我记得那是1980年夏秋之交，天气炎热无比，有好几个同学晚上热到睡不着。待楼顶楼板稍稍降温，我们几名同学，就邀约搬到上面睡觉，广州的下半夜一般有些海风，自然好睡一点。但这么搬来搬去半夜老折腾终不是办法，怎么办？当时心想要是有个小型电风扇吹吹风多好！但跑遍广州，当时都没有小电风扇买，能买到的是一些小电风扇的零件，比如说生产电风扇的转子、定子与线圈，还有风叶片等。为了解决晚上太热睡不着这个令人头疼的问题，我就买了这些零件，在朋友的协助下，组装了一台小风扇。组装成功后，我感觉到很兴奋，一是将学到的机电知识应用上了，二是晚上能吹吹风扇睡好一点了。但好景不长，几天后，此事被同学报告到政治辅导员那里，说是我私自制造电风扇，偷用国家的电。这罪名令我很害怕，政治辅导员找我谈话，并做出要求：一是马上没收电风扇，二是写份书面检讨。我只得照办了。现在想起来，在那个年代，他们这样做也是对的，因为那个年代电力严重不足，宿舍里的灯经常暗淡无光，感觉像要熄灭的样子，要是允许每位同学随意用电，就不能保证正常的用电需要了。这和现在的用电条件相比，简直是天差地别。

顺利完成学业并得到一份好工作

一、交了一份较为满意的成绩单

经过四年 1460 天的紧张而又有效的学习，我不仅学到了专业知识，更重要的是学到了获取知识的学习方法，分析问题、解决问题的思维方法，真正实现了从一位农村青年到大学毕业生的身份转变。四年共 30 多门功课的考试，我不仅没有挂科，而且平均分达 91.5 分（见成绩单），顺利完成学业。

在学好专业课的同时，我还旁听了 1979 级硕士研究生的一门课程——量纲分析法。量纲分析法又称为因次分析法，是一种数学分析方法，通过量纲分析，可以正确地分析各变量之间的关系，简化实验和成果整理。所以量纲分析是分析流体运动的有力工具，是自然科学中一种重要的研究方法，它根据一切量所必须具有的形式来分析判断事物间数量关系所遵循的一般

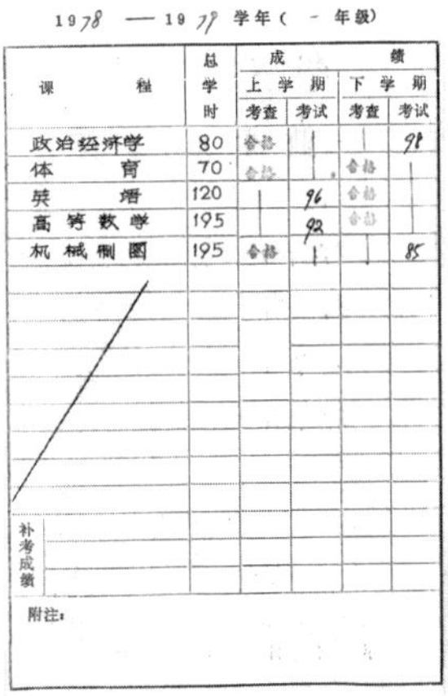

1978—1979 学年（一 年级）

课程	总学时	成绩			
		上学期		下学期	
		考查	考试	考查	考试
政治经济学	80	合格			98
体育	70	合格		合格	
英语	120		96	合格	
高等数学	195		92	合格	
机械制图	195	合格			85
补考成绩					

附注：

▲ 1978—1979 年成绩单

1979—1980 学年（二 年级）

课程	总学时	成绩			
		上学期		下学期	
		考查	考试	考查	考试
哲学	80	优		良	
体育	70	良		优	
英语	120	优			92
普通物理	164		82	优	
化学（专题）	36	良			
理论力学	108		85	优	
材料力学	102				94
机械原理	89				93
金属材料及热处理	28			优	
补考成绩					

附注：

▲ 1979—1980 年成绩单

1980—1981 学年（三 年级）

课程	总学时	成绩			
		上学期		下学期	
		考查	考试	考查	考试
党史	80		88	优	
机械另件	80		88		
电工学	80		92		
金属工艺	155	优			98
公差配合与技术测量	48	良			
金属材料及热处理	48	良			
机械另件（课程设计）	60	及格			
工业电子学	75				95
拖拉机构造原理及理论试验	105				96
农业概论	30			优	
农业机械学	30			优	
金工实习	（4周）			优	
英语（提高班）（选修）	38				
补考成绩					

附注：

▲ 1980—1981 年成绩单

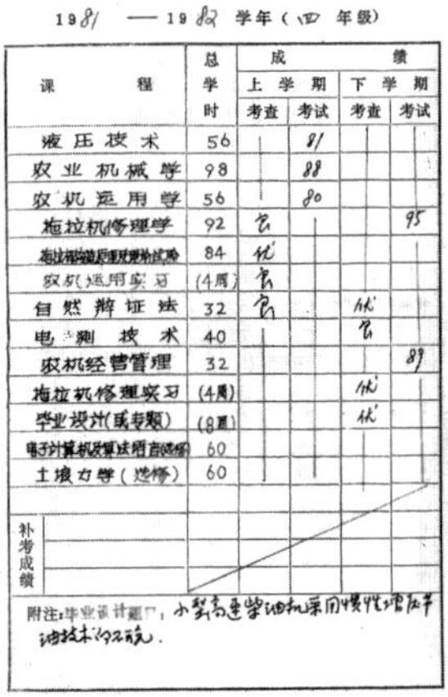

1981—1982 学年（四 年级）

课程	总学时	成绩			
		上学期		下学期	
		考查	考试	考查	考试
液压技术	56		81		
农业机械学	98		88		
农机运用学	56		80		
拖拉机修理学	92	良			95
拖拉机构造原理及理论试验	84	优			
农机运用实习	（4周）	良			
自然辩证法	32	良		优	
电测技术	40			良	
农机经营管理	32				89
拖拉机修理实习	（4周）			优	
毕业设计（或专题）	（8周）			优	
电子计算机及算法语言（选修）	60				
土壤力学（选修）	60				
补考成绩					

附注：毕业设计题目：小型高速柴油机采用惯性增压新技术的研究。

▲ 1981—1982 年成绩单

规律。通过量纲分析可以检查反映物理现象规律的方程在计量方面是否正确，甚至可提供寻找物理现象中某些规律的线索。

各种物理量之间存在着关系，说明它们的结构必然由若干统一的基础成分所组成，并按各成分的多寡形成量与量间的千差万别。正如世间万物仅由百余种化学元素所构成，物理量的这种基本构成统称为量纲。由于物理学研究物质在时空中的演化和运动，所以一切定量问题最终离不开质量、时间和长度这三种基本量。因而最适宜于选取质量、长度和时间作为这三种基本量的量纲。一切其他导出量的量纲可按定义或客观规律表达成这三种基本量的量纲组合。基本量有多种取法，在力学中通常取质量、长度和时间为基本量，其他量（例如速度、力等）可按一定规则由基本量导出。任何其他三类量纲互相独立的导出量也可作为基本量。性质上完全不同的两种物理量可具有相同的量纲，如功和力矩就是如此。任何正确反映物理现象规律的方程，其两端各项都必须具有相同的量纲。

通过学习量纲分析，这为我日后开展科研工作奠定了一定的理论基础，受益匪浅。

二、得到一份满意的工作

在即将毕业分配的时候，同学们都把目光放在广州，认为能留在广州是最好的安排。是啊，广州是我们广东的省会城市，谁不想留？但是，据了解，本届毕业生只有少数几位能留在广州，大部分都要到外地去。

负责学校分配工作的徐老师找到我，对我说，广西农学院（现已改为广西农业大学，后并入广西大学）的农业机械化系向华南农学院农业机械系打报告要求分配一位毕业生去开设一门新的课程——农机测试技术，他就想到了我。徐老师生怕我不服从分配，讲了好多好话，他说："你们这届毕业生能留下从教的没有，只有两三个名额分到了外地高校从教，南京农学院两人，广西农学院一人。你知道的，能分配到高校从教的，都是成绩好、品学兼优之人，你能被组织安排去广西农学院从教，是我们华南农学院农业机械系领导老师对你的最大信任，希望你在新的岗位上为母校增光！”好家伙，我被领导老师寄以如此高的期待。说实话，我一名农村青年，能找到一份稳定的工作就很满意了，如果不是上大学，我还只是个民办教师呢！怎么会不服从分配呢？就这样，我大学毕业后，来到了广西南宁，来到了广西农学院，并且一干就是 11 年，把青春献给了广西农学院。

第三辑 高教岁月

从小学民办教师走来，大学毕业后本以为能到祖国的东北农场去，当个机械工程师，从而远离教师岗位，没想到，我还得从教，而这次从教还是从事高等教育工作，一种光荣与崇高的职业。就这样，1982 年 8 月，我匆匆收拾行囊来到南宁，来到广西农学院农业机械系报到，在这里开启了整整 11 年的高教岁月。感谢广西农学院的培养，让我在这里圆了我的教授梦。

远赴吉林工业大学进修

一、责任重大，使命光荣

我奉命前去吉林工业大学进修，用现在官场流行语就是“责任重大、使命光荣”。实际上，我尚未报到，进修的事项早已敲定，目的是让我尽快学习提高，以便早日为学生开新课。故我刚放下行囊，又匆匆坐上了北去的列车，来到东北长春，来到坐落在斯大林大街旁的吉林工业大学（见照片）。据了解，

▲我在吉林工业大学留影

当年的斯大林大街已于1996年改为人民大街，而吉林工业大学已于2000年合并到吉林大学。这次来东北，并不是原来想象的到东北拓荒，当个高级农场工人，而是来这里深造的。

为什么是来吉林工业大学呢？这是因为吉林工业大学是农业机械专业的最权威学府之一。

吉林工业大学原是教育部直属，其前身是建校于1954年的长春汽车拖拉机学院，曾隶属于机械工业部，是新中国第一所培养汽车、拖拉机高级专门人才的高等学府。1958年更名为吉林工业大学，1981年成为全国首批博士和硕士学位授予单位。1998年重归教育部直属，是一所以汽车和农机为优势和特色，工、管、理、文相结合的多学科全国重点大学。是我国汽车工业和机械工业培养高层次人才和解决国家重大科技问题的重要基地之一。国家支柱产业——汽车的国家重点学科和国家重点实验室以及我国首家“汽车车型开发中心”均设在该校。2000年以后，原吉林工业大学合并入吉林大学，原吉林工业大学校址为吉林大学南岭校区。

这就是说，吉林工业大学相当于我国汽车拖拉机（含农业机械）专业的黄埔军校，被誉为“中国汽车农机工业人才的摇篮”。能到这里进修学习，是非常难得的机会。故有责任重大、使命光荣之感。

二、孙廷琮教授及其《农业机械测试技术》教材

全国第一本供农业机械专业学生使用的《农业机械测试技术》教材，是于1980年10月出版、由吉林工业大学孙廷琮教授主编的。参编者还有当年吉林工业大学的张德骏、崔引安以及

江苏镇江农业机械学院（后并入江苏大学）的吴守一、冼福生、徐刚等权威学者教授。本书最后由清华大学工程力学教研室的张如一、沈光林、戴诗亮等教授主审。可见本书编审者的分量有多重!

本教材分为四编十八章。第一编应变片电测技术：第一章电阻应变片，第二章测量电路与仪器，第三章记录仪，第四章农机构件典型载荷的测量与测量系统，第五章应变片式传感器。第二编农机试验用的其他各种变换器（传感器）：第一章参数式变换器（传感器），第二章发电式变换器（传感器），第三章其他形式的变换器（传感器）。第三编农业机械典型试验举例：第一章农业机械悬挂机组的测量，第二章犁体六分力测量，第三章农业机械试验用土槽，第四章高速摄影，第五章机械振动的测量，第六章噪声的测量。第四编农业机械试验的基础理论：第一章试验设计，第二章测量误差理论及随机数据分析，第三章农业机械载荷谱及室内模拟试验，第四章量纲分析和模型实验简介。

三、圆满完成农业机械测试技术课程研修

为了尽快学好弄通课程内容，我按照时任课程老师吴秉贵的要求，自己先自学课程内容，有不懂的地方就多方请教交流，同时，吴老师让我参加教研室活动，与实验老师打成一片，还让我独立带学生上实验课（见照片），这让我加深了对理论与实验内容的了解，使我深感收获大、进步快。带着任务来进修压力真不小。毫不夸张地说进修这半年胜读四年书。为什么？因为做学生的时候，可以一知半解，但现在马上就要结束学习回去做老师了，我就必须全部学通学透，不留死角。国际上通常

▲我独立带学生上实验课

将出国进修的研究者称作访问学者，这是对研修生的尊重，实际上在国内研修，应该也是一种很好的快速提升方式。对此我就深有感悟。

在吉林工业大学进修的半年，除了学习压力大，生活上也很不适应。一个在南国生活 20 多年从未见过冰天雪地的人来到北方，面对零下二十几甚至三十几摄氏度的寒冷，难受程度可想而知。除了要过寒冷关，还得过饮食关，在两广可天天吃大米，但是在当年的吉林工业大学教职工食堂，每周才能吃上一次大米饭，菜也是基本餐餐离不开白菜炖粉条之类，但为了完成进修任务，这些生活困难都被一一克服了。经过夜以继日的学习，我不仅掌握了农业机械测试技术课程的全部内容，还参与辅导了全部实验课程，真正做到了既动脑又动手，圆满完成了农业机械测试技术课程的进修任务。

四、利用研修机会，多学本领

根据组织安排，我的首要任务就是研修农业机械测试技术课程，但为了多学本领，为日后从教打下广泛而坚实的基础，我在学好农业机械测试技术课程的同时，还选修了两门课，一门是汽车工程专业的汽车试验学，另外一门是机电类专业的电子技术课程。

汽车试验学是一门根据国家与行业的汽车试验标准，全面系统介绍汽车试验基础理论、汽车试验设备与设施、汽车主要参数测量，汽车基本性能试验、汽车可靠性试验、整车碰撞安全性试验、汽车环境保护特性试验、汽车典型总成与零部件试验以及汽车虚拟试验技术等的一门汽车工程专业学生的专业基础课。学习目的是了解测试原理与方法，学会正确选用测试装置，掌握汽车试验方法，掌握多种实验规范和要求，能够根据要求选择确定汽车试验方案；并能够对试验数据进行分析，为进一步学习、研究和处理汽车工程技术问题打下基础。

好在我有预感提前学习了该课程，为日后（1987 年）给广西农业大学农业工程系增设的汽车运用工程专业开设汽车试验学课程打下了基础。1987—1990 年，汽运工程专业的《汽车试验学》讲义，就是我编写的。

也由于我选修了汽车试验学课程，1982 年我还有幸随老师同学到一汽参观学习，这在当年是很难得的机会。

电子技术是根据电子学的原理，运用电子元器件设计和制造某种特定功能的电路以解决实际问题的科学。电子技术也是对电子信号进行处理的一门技术，所以，电子技术也是测试技术的交叉学科。能学点电子技术知识，对开好农业机械测试技术及汽车实验学也大有裨益。这是我选修的动力与目的。

总而言之，在吉林工业大学半年多的研修生活，我不仅学到了知识，掌握了本领，也锻炼了自己独当一面的能力，收获满满。我于 1983 年 2 月圆满完成任务回到广西农学院。

赴洛阳工学院短训

一、感谢组织的重视与培养

1982 年 9 月至 1983 年 2 月赴吉林工业大学研修回到学校不久，系领导又同我说，准备派我前往洛阳工学院参加短训。据了解，当年留校与外派来校的青年老师，能享受如此密集进修短训待遇的老师大概仅我一人！

就这样，从吉林工业大学回校开展工作仅仅两三个月，1983 年 5 月至 8 月，我又来到了古都洛阳，来到了洛阳工学院（现河南科技大学）开始为期三个月的短训。

二、短训班的主要内容

这次短训班的主题是“机械工程测试技术”的有关理论、仪器设备及实验操作。

机械测试技术在 20 世纪 80 年代是门新兴学科。其主要内容包括：测试系统基本特性，传感器原理，机械相关量的测试方法、测试信号处理、测试干扰及测试结果处理，机械测试技术的典型应用，机械测试实验等。本次短训，以理论结合实验开展，以熟悉实验仪器及实验过程为主。

本次培训不仅让我增强了对机械（含农机）测试技术理论知识的认识理解，更重要的是让我掌握了对各种测试仪器的使用以及对实验课开设的规划、要求有了更系统全面的了解。为开好农业机械测试技术及其实验课奠定了更加坚实的基础。

这次短训，还让我有幸到洛阳拖拉机厂参观学习，由此，我在两年内荣幸地参观了我国大名鼎鼎的一汽与一拖两家企业，这在当年是可遇不可求的。

三、有幸于 20 世纪 80 年代游览十三朝古都

洛阳作为中国的古都，先后有夏、商、东周、东汉、曹魏、西晋、北魏、隋、唐、武周、后梁、后唐、后晋 13 个朝代在此建都，是中国建都最早、朝代最多、历史最悠久的都城。还在学习中国历史时，我就一直觉得洛阳是座很神秘、很神圣的城市，很想到此一游。结果，我幸运地借短训班机会游览了龙门石窟与中岳嵩山。

此次坐火车到洛阳，可以说是吃尽了苦头，不仅睡车底，还一天一夜吃不上饭，但能到此短训，并一游龙门石窟、洛阳老城、中岳嵩山等风景名胜，一切辛苦都烟消云散。

筹建农业机械系第一个非电量电测实验室

一、非电量电测的概念

所谓“非电量电测”就是利用传感技术和测量电路与测录装置对电量以外的各种非电量，如机械量、热工量等，进行测量。它测量范围宽，测量速度快，适用频率范围宽，测量准确度高，可实现远距离测量，便于应用微机系统对信号进行运算和处理，实现多点巡回检测、控制及智能化测量等，是一门新学科。

而传感器是一种变换器，它利用物质的物理、化学及生物等的效应、反应或机理，将各种非电信息直接或间接转换为具有一定量值关系的电学量，如电压、电流、电荷、电阻、电容、电感、相位和频率等，以便进行非电量电测。

测量电路的作用就是对传感器输出的电信号进行加工和处理，如放大、衰减、补偿、线性化、滤波、调制和解调、运算、数字化等。

测录装置用于显示、记录或存储被测非电量的数据和信息，常用指针或数字显示器、屏幕显示器、波形记录仪、打印机、磁带等。

二、电测实验室建设

根据上述原理与要求，我从1983年下半年开始，利用半年多时间，采购了开设农业机械非电量电测所需的传感器（变换器），如应变片，测量仪器，如应变仪及记录显示装置，如光线示波器与磁带记录仪等。同时，根据实验课需要，经批准还购买并改装了一辆电测用车（见照片）。

▲ 改装了一辆电测用车

建成的电测实验室，可以说是广西农学院农业机械系成立以来，工作环境最好，配有恒温恒湿装置，地面铺贴地板胶（这在当年已经很好），仪器设备最先进以及管理最严格（所有进入者均须换鞋）的实验室。

独立走上讲坛

一、开设农业机械测试技术课程

经过近一年的进修培训及半年多的实验室建设，1984 年上半年，我独立走上了讲台，为 1981 级及后面年级农业机械化及农机制造专业本科生开设农机测试技术课程，主讲并带实验。在没有导师指导的情况下，我独立开新课，难度不小，凭着初生牛犊不怕虎的勇气及提前进修学习打下的基础，竟然一炮打响，授课既受到学生的欢迎，也得到领导肯定。

二、开设汽车试验学课程

根据教学工作需要，1987 年，系领导让我再给 1985 级汽车运输工程专科学生开设汽车试验学课程。

汽车运用工程专业是广西农学院农业机械系适应新形势新

要求增设的新专业。其为大专专业。根据专业设置要求，需要开设汽车试验学课程。我在查阅了国内相关大学汽车运用专业的教学大纲、培养目标后，用半年时间为本专业编写《汽车试验学》讲义约15万字及实验课程安排。

从1987年首讲起至1993年我离开学校期间，该专业的汽车试验学课程均由我主讲，实验课由助教老师担任。该课程也深得学生的好评与喜爱。这得益于当年在吉林工业大学进修时多学习、勤动脑的习惯。

兼带学生毕业设计

一、担任毕业设计的重要性

学生的毕业设计，是指工、农、林等科高等学校学生毕业前夕总结性的独立工作，是实践性教学最后一个环节。旨在检验学生综合运用所学理论、知识和技能解决实际问题的能力。在教师的指导下，学生就选定的课题，进行工程设计与研究，包括设计、计算、绘图、工艺技术、经济论证以及合理化建议等。最后提交一份报告，选题一般选与生产、生活与科学研究任务相结合的现实课题。

学生只有在完成教学计划所规定的理论课程、课程设计与实习后，经考试、考查及格后方可进行毕业设计。毕业设计是评定学生毕业成绩的重要依据，学生通过了毕业设计答辩，成绩评定及格才能毕业。

由此可见，毕业设计对学生而言是重要的不可缺少的一个学习环节；而对教师来说，我认为也是教师检验教学成果，以及多出成果的重要环节。因此，尽管我所教的两门课农业机械测试技术及汽车试验学并不属于专业课，但只要有时间，我均要求带学生的毕业设计。

二、做个受欢迎的毕业设计指导老师

在部队有句流行语“铁打的营盘，流水的兵”。在大学我想也有类似情况，那就是铁打的老师，流水的学生。学生一拨拨进校，又一拨拨毕业，每年都有毕业设计需要学生完成，需要教师指导。这就不可避免会产生学生选课题与选指导老师的问题。当然也存在老师选学生的个别情况。由于我任课任务较重，一个人需上两门课，所以，我基本是隔一年才带一次毕业设计。不知道是我的毕业设计选题符合学生的想法还是别的什么原因，每次报名参加我的毕业设计课程的学生都不少。记得有两届毕业设计，我带的学生都超过四人（含四人）。

▲ 我与毕业学生的合影

由于毕业设计时长一般需要3至4个月，在这个过程中，有时需要带领学生外出参观学习，有时需要同他们上小课、开小会，很容易与学生们打成一片，走进学生心里。师生间的感情或友谊我认为大多是从这时开始的。我记得我第一次带毕业设计是1985年，至今已有近40年，当年那批学生现在都已迈入退休年龄，但他们一见到我就提起当年带他们去湖南长沙参观学习的情形，有个叫覃建平的同学说还保存着当年的合影。这让我很感动！感谢你们，感谢这份师生情。

通过结合我的科研项目、教改项目参与毕业生的毕业设计，我个人也收获满满。我有几项科研项目，均是在学生们参与下完成的。

教学理论研究结硕果

一、教学理论研究课题的提出

作为年轻教师，我觉得第一要务就是要把自己的课教好。我除了不断自我充电、提高自身素养外，也在不断思考怎样才能提高教学质量。

考试分数虽然在一定程度上可以反映学生书本知识的掌握程度，但往往不能反映学生的综合素质与实际能力。我认为高等教育所培养的人才，不应是只会考试、能拿高学位的人才，而应是会解决实际问题，能在服务国家、服务人民的工作中做出业绩和贡献的人才。这就要求我们在教与学中，都必须在如何将知识转化成能力上下功夫，克服所谓“高分低能”的缺陷。正是从这一目的出发，我从 1988 年至 1992 年，联合力学教研室与汽车拖拉机教研室四位教师开始了为期四年的“加强专业基础课与专业课间的分工与协作，共同提高学生综合能力”的教学研究探索。

二、教学研究喜获奖项

由我主持，臧援、王予宾、吕娜老师参与的教学理论课题研究，在系领导的大力支持与学生的全力配合下，取得一定成果。研究论文《加强专业基础课与专业课间的分工与协作，共同提高学生综合能力》被广西农业大学评为学校优秀教学成果一等奖，广西高校优秀教学成果二等奖（见证书）。论文被刊登在由广西师范大学出版社出版的1989年、1993年广西普通高校优秀教学成果汇编：《教苑精华》一书中，并获得5000元奖金。在广西农业大学校内外引起了一定反响。由此，计两年中小学教学经历在内，我用13年时间，完成了由一个普通教育工作者到教育行家的转变。难能可贵！附论文全文如下：

榮譽證書

叶 健 同志为《加强专业基础与专业课间的分工与协作，共同提高学生的综合能力》成果的主要完成者，荣获一九九三年广西农业大学优秀教学成果一等奖，特发给荣誉证书，以资鼓励。

中共广西农业大学委员会
广西农业大学
一九九三年三月五日

▲学校优秀教学成果一等奖荣誉证书

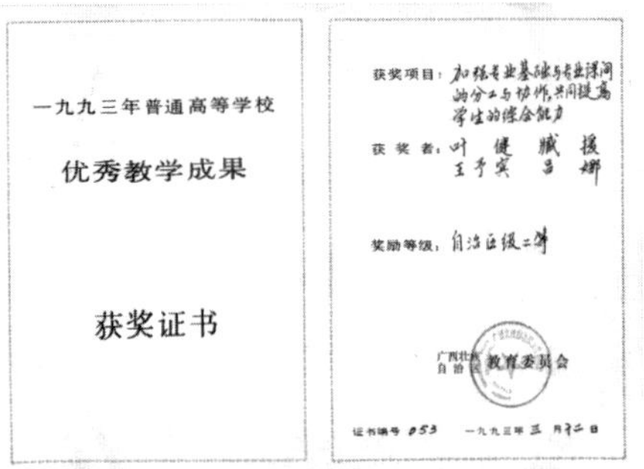

一九九三年普通高等学校

优秀教学成果

获奖证书

获奖项目：加强专业基础与专业课间的分工与协作，共同提高学生的综合能力

获奖者：叶健 臧援 王予宾 吕娜

奖励等级：自治区级二等

广西壮族自治区教育委员会

证书编号 053 一九九三年三月廿二日

▲广西高校优秀教学成果二等奖获奖证书

加强专业基础课与专业课间的分工与协作，共同提高学生的综合能力

广西农业大学

叶健 臧援 王予宾 吕娜

一、基本内容与实践效果

社会主义市场经济的发展迫切需要各种综合型人才。所谓综合型人才即指那些既具有较扎实的理论基础与较宽广的专业技术知识，又能灵活运用所学理论与技能去解决科研、生产与管理中的实际问题的人才。这样的人才应当具备较强的综合能力，即具有较强的独立获取知识的能力、对实际问题概括抽象的能力、运用知识的能力、分析与解决问题的能力、经营管理与组织决策能力以及实际动手（操作）能力等。学生综合能力是我们衡量教学质量高低与学生才能强弱的一个基本尺度，因此，我国高校传统的以传授与积累知识为主、忽视能力培养的教学方法必须改革。但学生综合能力的培养提高，并不是靠教学过程中的某个环节或某位教师所能完成的，它需要从基础课到专业课间的全体教师共同努力，加强分工与协作才能完成。

我们知道，专业基础课与专业课在教学过程中承担着不同的职责。专业基础课的主要任务是为学生学习后继专业课及毕业后从事专业工作打下理论基础。而专业课的主要任务是帮助学生获取专业技术知识与专业技能。两者分工不同，但分工不等同于分家。我们意识到，为了使学生获取更多的理论知识与提高他们的综合能力，两者除了应有明确分工，还应有密切的

配合与合作。我们采取了如下做法。

1. 专业基础课汽车测试与专业课汽车构造、汽车理论等共同协作，给学生增开“综合性、强化型”实（试）验。所谓综合性、强化型实（试）验，就是指覆盖基础理论面较广，所用实验手段较多，实验内容与难度适当增大了的实（试）验。在组织这些实（试）验时，我们两课程的仪器设备相互借用，两课程有关教师还一起参与指导。在实施时，我们放手让学生独立完成，以使学生得到最充分的锻炼。即让学生自己推举有组织才能的同学担任组长，由学生自己确定试验方案，自己选用并调试仪器设备，自己进行现场操作、整理试验数据并写出试验报告等。

2. 专业基础课机械零件、农机测试技术等，在完成理论教学任务的前提下，改变过去重理论轻实践的思想观念，积极参与指导学生毕业设计工作。与专业课老师一道严把课程设计与毕业设计两大关。在机械零件课程设计中，我们特别注重综合能力的培养。如设计任务从十五人同一题目改为一人一题，杜绝了依赖或相互抄袭之弊端。在毕业设计中，我们坚持做到“精心选题，精心指导；严格要求，严格训练”，以提高学生的分析问题与解决问题的能力。

3. 专业课拖拉机构造、发动机原理等，在向学生传授专业技术知识时，一方面尽量给学生拓宽基础理论知识，另一方面，则进一步结合生产实际进行专业教学。通过让学生走出校门、到生产第一线进行调查研究以及结合生产实际搞毕业设计，来提高学生的实际动手能力独立工作能力以及增强学生进入社会后的适应力与竞争力。经上述各实践性教学环节强化训练过的学生，综合能力明显提高。例如1989年毕业被分配到桂林联合收割机厂工作的时胜德同学，当年入厂就承担了自治区机械工业厅下达的科研任务，仅两年就取得了重大科研成果。现已作为厂里的科研尖子活跃在科研与生产第一线。

二、理论水平与推广价值

各课程之间加强分工与协作，共同提高学生的综合能力，是改革传统教学方法上“重分工，轻协作；重传授与积累知识，轻提高学生能力，特别是提高综合能力”的不足的新尝试。学生综合能力的含义，目前国内尚未见有专家学者之论述，本提法在国内尚属首次。给学生增开“综合性、强化型”实（试）验的实践，以及给“综合性、强化型”实（试）验下定义，这在区内也属首次。本研究的理论水平，在区内处于领先位置。

加强各课程之间，特别是专业基础课与专业课之间的分工协作，加强对实践性教学环节的教改，对提高学生的全面素质，培养综合型人才，实现邓小平同志提出的“教育要面向现代化，面向世界，面向未来”的培养目标，具有至关重要的作用。

科研路上

一、对科研工作情有独钟

我在高校的科研工作，始于 1987 年，那一年经过组织评审，我顺利晋升为讲师。经过五年的打拼，教学工作已基本得心应手，感觉可以抽出点时间来思考科研方面的事情。在大学任教，我个人认为，仅仅把课上好是远远不够的，必须教学、科研两条腿走路，两手抓，两手都要硬，这是因为：第一，科研能提高高校教师的教学水平。而教师的教学水平能提高学生的学习积极性，促进良好的学习氛围的形成。高校教师只有通过不断的科研，才能不断完善自我，加深对知识体系和课堂内容的深度理解和把握，而对知识更深、更广的把握才能促使老师不断提高自身的教学能力与水平。第二，科研能丰富高校教师的精神生活。科研任务的完成，需要经过长期的探索、求知，对问题的发现和解决更有利于增强团队科研协作能力，可以帮助教师提升自我精神追求，促使教师在自己所研究的领域走得更远。第三，科研能培养时代需要人才。高校科研大多是老师带领学生，以团队形式进行的科研项目。因此，这就能促进教学方式与手段改进与创新，不断为社会发展提供所需人才，进一步落实科教兴国战略与人才强国计划。第四，科研能促进时代发展。科学技术是第一生产力，时代的进步离不开科学技术的发展。而高校科研作为国家科学技术发展的潜在动力与主要力量，有利于在当代完成时代所需的积累，全面且高效地促进时代的变化、进步。正是有了这些思想认识，加之从小就崇拜科学家，希望有朝一日自己也能做科研工作当个科学家，再就是小时候爱倒腾，在同龄同学中，经常搞些小名堂，所以，从 1987 年起，我从内心深处及行动上，吹响了向科研进军的号角，要争当农业机械领域专家。

二、第一项科研工作得到侯经浩教授的指导

我记得参与的第一项科研项目为“同步电磁振动播种机的研制与试验”。项目主持人为机械设计基础教研室侯经浩教授（当年为副教授），时间从 1987 年 4 月至 1988 年 6 月。我的主要任务就是研制电磁振动播种机的同步装置。为什么电磁振动播种机需配置同步装置？因为播种机行走的速度是变化的，如果没有同步装置，单位长度的播量就会不同，从而影响播种要求。经过努力，我们终于如期完成样机的制造、试验与测定，取得预期效果。与侯经浩教授合著的论文《同步电磁振动播种机研制与试验》，发表在省级刊物《广西农机化》1987 年第 4 期。

感谢侯老师带我走上科研之路。侯经浩老帅早年毕业于吉林工业大学农业机械工程系，是一位治学严谨、知识渊博的农业机械化学者型人才。他既是我的学长（同在吉工大学习过），也是我的恩师之一。

三、1987—1992 年我的科研成果丰产期

从 1987 年至 1992 年，据不完全统计，我一共参与科研项目共计 15 项，其中主持 5 项，有 3 项获国家实用新型发明专利，共发表论文 9 篇。

在这些科研项目中，大体可分为三大类：第一类为农业机械类科研项目，第二类为食品机械类科研项目，第三类为机械测试类项目。

1. 农业机械类科研项目

（1）同步电磁振动播种机的研制与试验，起止时间为 1987 年 4 月至 1988 年 6 月。我为主要参与者，完成同步装置（即传感器）的研制，项目完成样机的制造与试验及测试，获得预期效果。论文（第二作者）发表于省级刊物《广西农业化》1987 年第 4 期。

（2）广西 65-2 型人力水稻插秧机的改型设计、制造与试验，起止时间为 1988 年 1 月至 1989 年 7 月。我为主要参与者（完成者），从根本上解决原机型不适应现时农业技术要求的结构。造出两代样机，通过了当年南宁插秧机厂的鉴定验收。论文发表在《广西农学院学报》1991 年第 4 期。

（3）螺旋管式灌溉泵的制作技术与应用研究，起止时间为 1990 年 5 月至 1990 年 12 月，我为主要参与者（完成者），设计、

制造样机，试验及检测其性能。论文（第二作者）发表于省级刊物《广西农机》1990 年第 4 期。

（4）手扶拖拉机 X 型悬架座椅的研究。起止时间为 1990 年 9 月至 1990 年 12 月。我为主要参与者，参与测试与分析由杨坚教授研制的手扶拖拉机 X 型悬架座椅的减振效果。论文（第二作者）发表于国家级刊物《农业机械学报》1992 年第 3 期（见证书照片）。

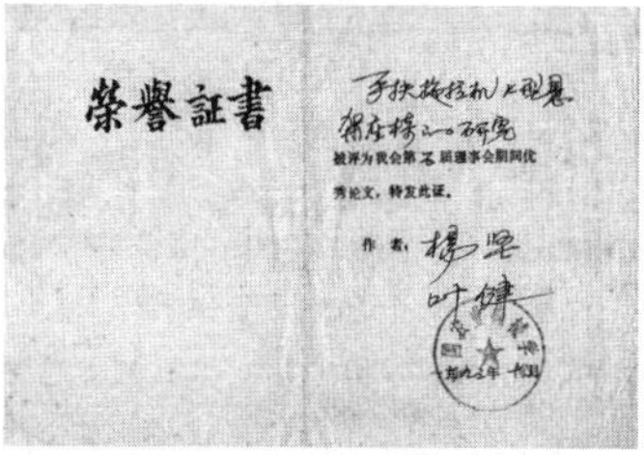

▲手扶拖拉机 X 型悬架座椅的研究荣誉证书

（5）机械振动式人力水稻条播机的研制。起止时间为 1991 年 1 月至 1992 年 7 月。我为课题主持人，设计、制造及试验满足当前农业要求的人力水稻条播机（见照片）。生产出两代样机共三台，分别在南宁市郊区四塘及学院农场试播 10 多亩，取得较好的效果。

▲机械振动式人力水稻条播机

▲斜置圆盘式人力水稻点播机

（6）斜置圆盘式人力水稻点播机的研制。起止时间为 1992 年 1 月至 1992 年 7 月。我为课题主持人，设计制造满足杂交水稻小播量精密播种的

▲明阳农场的农田

人力水稻点播机。生产出两台样机，在郊区四塘，明阳农场及本院农场试播合计 50 多亩，深受用户欢迎（见照片）。

（7）92–3 型人力水稻插秧机的研制。起止时间为 1991 年 1 月至 1992 年 12 月，我为课题主要参与者，完成样机制造（见照片）、初试与获得评审通过，并取得国家实用新型发明专利（见专利证书）。

2. 食品机械类科研项目

（1）自动型菠萝通心去皮机的研制。起止时间为 1988 年 1 月至 1989 年 12 月。我为主要参与者。菠萝罐头是当年广西农垦系统出口拳头产品，每年为广西创汇不少，但菠萝罐头在生产过程中，几乎全部为手工操作，生产效率较低，迫切需要一些性价比较高的机器设备。为此，我们从实际出发，先后前往浦北的华侨农场罐

▲ 92-3 型人力水稻插秧机

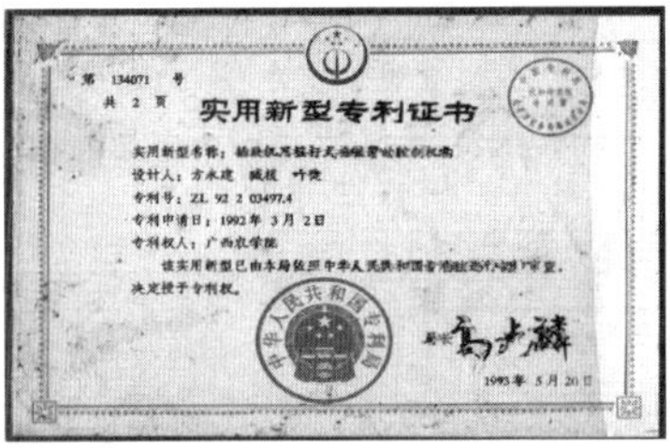

第 134071 号
共 2 页
实用新型专利证书
实用新型名称：[illegible]
设计人：方永建　臧椒　叶健
专利号：ZL 92 2 03497.4
专利申请日：1992 年 3 月 2 日
专利权人：广西农学院
该实用新型已由本局依照中华人民共和国专利法[illegible]审查，决定授予专利权。
局长 高卢麟
1993 年 5 月 20 日

▲ 92-3 型人力水稻插秧机的专利证书

▲自动型菠萝通心去皮机

实用新型
第 36205 号　　共 2 页
实用新型名称：自动型菠萝通心去皮机
设计人：臧椒　雷国宣　龙有亮　叶健
专利号（申请号）：88 2 16077.X
专利申请日：1988年11月 7日
专利权人：臧椒　雷国宣　龙有亮　叶健
该实用新型已由本局依照中华人民共和国专利法进行初步审查，决定授予专利权。
中华人民共和国专利局局长 高卢麟
1989年12月20日

▲自动型菠萝通心去皮机专利证书

头厂、南宁市九曲湾农场罐头厂调研，了解工厂的需求。之后，计划为工厂设计生产全自动菠萝通心去皮机，菠萝切端机与菠萝切片机。经全体参与者攻关，我们最先拿出了自动型菠萝通心去皮机，并为九曲湾农场罐头厂试生产10台样机，经投入使用，大大提高了生产效率，降低了工人劳动强度，每年为工厂创造经济效益近百万元。该自动型菠萝通心去皮机还获得国家实用新型发明专利（见照片），研究成果论文（第四作者）发表在省级刊物《广西农机化》1989年第4期。

（2）菠萝切端机与切片机的研制，该两台机器当年也分别设计出了图纸，只是由于经费所限，没能投入生产。

3. 机械测试类项目

（1）电风扇用温度传感器的研制。起止时间为1988年1月至1989年10月。我为主要参与者。该设备完成样品，并获得国家实用新型发明专利。

（2）果品内害虫探测传感器的研制。起止时间为1990年1月至1990年7月。我为主要参与者。主要研制用于探测杧果、苹果类果品体内是否存在害虫的传感器。完成该装置，由该装置所组成的果品内害虫探测系统，通过当年区农业厅主持的鉴定。成果论文（第一作者）被选入《全国高校机械工程测试技术研究会成立十周年学术年会论文集》。

（3）手扶拖拉机海绵弹簧座椅的振动测量与分析。起止时间为1990年6月至1991年6月。我为项目的主持者。主

▲手扶拖拉机海绵弹簧座椅

要是利用振动传感器、振动测试仪，对该种广泛应用于手扶拖拉机的座椅（见座椅照片）进行实测与理论分析，研究座位的隔振性能，提出改进措施。圆满完成检测任务。研究成果得到南京航空学院振动工程研究所有关专家的高度评价。研究论文（第一作者）被刊登在国家级刊物《振动、测试与诊断》1992 年第 1 期。

该论文也是我于 1992 年参评广西农业大学副教授的主送论文。经查阅，论文鉴定人侯经浩教授的评语为："当前我国设计生产的拖拉机普遍存在对驾驶员的工作适应性重视不够的问题，手扶拖拉机的情况尤为严重。作者在选题立论方面非常结合生产实际需要，并将产生很大的社会和经济效益。本文不仅有正确的理论分析，而且实验手段也是科学完善的。该实验是送到条件较好的广西大学并由有关实验专家进行分析。因而所得信号处理及数据结果是可信的。全文通过理论分析与实验验证，明确提出现有手扶拖拉机海绵弹簧座椅对驾驶员健康不利，提出增加阻尼的措施来解决。这一研究成果为新型拖拉机座椅设计，提供了可靠依据。论文已达到了副教授水平。"

另一位论文鉴定人广西大学机械测试专家金秀石教授也同样给予高度评价："该论文的选题符合实际需要，所应用的理论正确，测试方法较先进，所得数据合理，分析恰当，结果有参考价值。根据本论文水平，达到副教授条件。"

尽力承担更多社会工作

一、当好系工会宣传委员

从1985年起，根据工作需要，我被安排担任广西农学院农业工程系工会宣传委员。系工会宣传委员严格说并不是个什么职务，只是一份兼职工作。主要职责是：宣传党的方针、政策，协助系领导做好教职工的思想教育工作；宣传工会工作的性质、任务、地位和作用，增强工会组织的凝聚力；做好教职工工会工作的宣传报道，及时发布工会工作信息；组织工会报告会、座谈会、经验交流会等活动。具体地说，还要负责办好系工会的黑板报、宣传栏以及组织参加学校总工会的板报竞赛等。

虽然工作量不大，但是要出色完成好这份工作也不容易。

被系领导盯上，非得让我兼任这一光荣职务，可能源于1984年冬系工会组织的一次户外活动。记得当年冬天，系工会组织全系教职工前往南宁市郊区大王滩风景区游玩。活动结束后，我自告奋勇写了一篇散文《冬游大王滩》投稿到《广西农学院院报》，不久该文即被刊登。由此引起了同事、领导关注，一下子奠定了我在系里的“文学”地位。不久，我又写了篇报告文学——《农工系的北大高才生》，更引起同事关注。就这样，我被系领导看中了，非要让我担任系工会宣传委员。由于领导的信任和我个人努力，我从 1985 年至 1989 年连续五年被评为学校工会工作积极分子。

二、勇挑机械设计基础教研室副主任重担

广西农业大学农业工程系机械设计基础教研室（原名力学教研室），当年一共有教职工十余人，负责课程包括理论力学、材料力学、机械原理、机械零件与机械测试五大课程。按理如论资排辈，1989 年的时候，根本轮不到我当教研室副主任，因为那时我仅是个讲师。但师长们推荐，系领导信任，把我推到了教研室副主任位置，我只有恪尽职守，履行好职责，不辜负系领导同事们的信任。

为了做好这份工作，我一是虚心向前辈们请教学习，经常到前辈家里请教汇报；二是与年轻同事打成一片，充分调动他们的积极性。我们机械设计基础教研室这些前辈们个个都是毕业于名牌大学，如黄廷绶副教授毕业于北京大学数力系，臧援、雷国宣副教授毕业于重庆大学，郑旭明副教授毕业于武汉水利电力学院，侯经浩教授毕业于吉林工业大学，夏瑞珍副教授毕业于北京农业机械化学院，龙有亮副教授曾到西北工业大学研修，黄世伟副教授曾到南京航空学院研修，徐敬彭老师毕业于

北京理工大学，杨坚博士毕业于日本熊本大学。真是藏龙卧虎，所以，唯有虚心向他们学习，才能做好这份工作。在同事们的帮助与关怀下，我的管理能力与水平也有了一定的提高，1991年，还被评为广西农业大学优秀讲师。感谢领导与同事的信任与帮助。

三、当上了80（1）班班主任

1983年，当我完成外出进修培训回到学校后，系领导找到我，让我担任农机系农机化专业80（1）班班主任。我二话不说，就上任了。担任班主任时间虽然不长，只有一年多，但我还是与同学们结下了深情厚谊，有的同学近40年来一直与我保持着联系。与他们毕业合影的照片（见照片）至今仍保存在相册里。

▲与八四届学生的毕业照

从助教到副教授走过十个春秋

一、从助教到讲师

助教是大学教师职称的最低等级，助教原则上不能单独授课或不能教授一门学科的全部课程，应跟随讲师或教授批改作业，辅助其教学。大学教师职称等级由低级向高级依次是：助教、讲师、副教授、教授。按规定，教师在升任为讲师、副教授、教授前，必须担任过助教。

当助教需要具备的条件是：具有良好的沟通能力及管理能力，爱岗敬业，有较强的责任心，抗压能力强，能承受较大的工作压力，富有爱心，善于与学生相处；较熟悉操作办公软件，能制作 PPT 教案等；具有教师资格证。而在学历及工作年限上，一般规定大学本科学历工作年满一年才能确定为助教。

据查档，我的大学助教的确认时间从 1983 年 8 月 1 日算起。

距大学毕业到学校报到刚好满一年。

担任讲师须具备的条件是：大学本科及以上学历，担任助教职务四年以上；能胜任一门或一门以上课程的讲授和全部教学工作；掌握一门外语，能阅读本专业的外文书籍和资料。

经查档，我的讲师任职资格被确认的时间为 1987 年 11 月 23 日，即刚好满足担任助教 4 年的最低条件。也就是说，我的助教、讲师任职资格都是按最低年限取得的。这要感谢学校的培养。

二、从讲师到副教授

副教授是高等学校教师职称名称，仅低于教授。我国在 1986 年规定，除思想政治、健康状况等高等学校教师应达到的共同要求外，主要任职条件为：任讲师 5 年以上或获得博士学位后已任讲师两年以上，且具有本门学科系统、坚实的理论基础和较丰富的实践经验，熟练掌握一门外语，教学成果显著；曾发表、出版一定水平的论文、专著或教科书，或在教学、科学

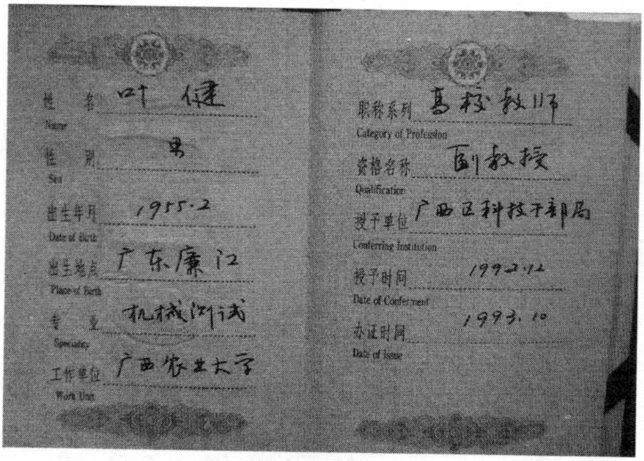

▲高校教师副教授证书

技术工作方面有其他较大贡献。

据查档，我的大学副教授职称经学科（专家）评议组评议确定的时间为 1992 年 11 月 20 日，最终经广西壮族自治区职改领导小组审批，广西区科技干部局于 1992 年 12 月授予（见照片）。也刚好满足任职最低年限。

由证书可以看到，广西壮族自治区科技干部局授予我的副教授职称专业为机械测试。

由此，我在广西农业大学用 10 年时间实现了从一个普通助教到大学副教授高级职称的转换，实现了我人生的又一个梦想——大学教授（副教授）。广西农业大学是我的福地，我感谢组织的培养和厚爱。

在广西农学院成家立业

一、广西农学院的发展历程

广西大学农学院，1932年成立于广西梧州市，是当时广西大学下属三个学院之一。1937年，日本侵华战争爆发，广西大学农学院迁往柳州沙塘。1944年秋，日寇入侵广西，学院疏散至贵州榕江。1945年10月迁回柳州鹧鸪江。1946年夏，迁桂林雁山。1949年10月桂林解放时，全院仅有农学、林学、牧医三个系，在校生226人。1952年，全国院系调整，广西大学撤销，农学院独立建制，改称广西农学院。除保留农学、林学两个系外，其他系分别并入华中农学院（今华中农业大学）、华南农学院（今华南农业大学）和江西农学院（今江西农业大学）。1958年2月，广西农学院迁南宁现址。至1965年，广西农学院已发展到包括农学、林学、植保、牧医、农机、园艺6个系。

1978年，开始招收硕士研究生。1984年获得第一个硕士学位点。1992年，更名为广西农业大学。1997年，广西农业大学与广西大学合并，组建新的广西大学。由原来的农学系、植保系、园艺系合并组建成新的广西大学农学院。

二、20世纪80年代的广西农学院

1982年8月，我从广州华南农学院来到南宁广西农学院报到。当走进校园时，被校园风光吸引住了。这里绿树成荫，湖水碧波荡漾，到处鸟语花香，充满诗情画意，俨然像座公园。记得当年我同另一位来报到的青年老师被安排住到学院东校区的学生宿舍，重新过上学生年代的生活，在这学生宿舍一住就是两年。后来因为成家的需要，向学校申请用房，于1984年被安排到东校园的石棉瓦平房居住。该石棉瓦平房，共有三排，每排有十余间单间，每间面积约有20平方米，门前为一米多宽的走廊。走廊功能本来是作为用房者通行用的，但由于学生上下课走捷径的需要，已被学生作为上下课通行使用，另一功能是供教职工生火做饭。而洗手间离住房有100多米，冲凉洗澡及上厕所很不方便。在这间平房，我一住就是3年，1987年才搬离。这就是当年我对广西农学院的印记。

三、在广西农学院安家

1985年，年逾三十的我，在家里父母的催促下，走上成家之路。正所谓“三十而立”。我的另一半，芳名韦群，广西钦州灵山人，广西师范大学毕业，当年在中国人民银行钦州市中心支行人事科任副科长。经朋友介绍认识，经过一年左右的交往，双方相互认同，后于 1985 年 11 月 9 日办理了结婚登记手续，1986 年元旦完婚。新房就是上面提到的那间 20 平方米的“大平房”，房子虽然没装修，但我们购买了一套当时算是比较豪华的家具，有烙花的大衣柜、五斗柜、书柜、餐边柜、床与沙发等。我们还托人买了一台 17 英寸的飞利浦彩电，这在当时已经算很奢华的家电了，同事们都争相前来看家具与彩电。那个年代的贺礼大多为毛巾、陶瓷盆之类。如果没记错，圆婚之日也不举行什么仪式，也不宴客，就是来了几个亲戚在一起吃了个便饭。现在想想，实在太低调了。

说到太太韦群，她也出生在农村，但小学阶段学习成绩在班里一直名列前茅。她能到当地最好的烟墩中学读初中，是中学校长指定要她去的。她在初中时便是团支部书记，高中时是团总支书记，18 岁便入了党，高中毕业后便当上公社团委副书记，上大学前就已拿到了每月 36 元的工资。

结婚成家后，太太已调入中国人民银行广西壮族自治区分行人事处工作，后转入国库处，中国人民银行广西壮族自治区分行位于南宁市桃源路，而南宁市桃源路与广西农学院距离十余公里，每天骑一辆自行车穿行市中心来回 20 多千米，艰难程度可想而知。1986 年怀上宝宝后，还是那样坚持每天骑自行车上下班，且从不早退迟到，更是不容易。好在 1987 年下半年后，我们一家搬离了广西农学院，住到了人民银行安排的麻村宿舍，1989 年后，又搬到人民银行桃源路大院她才不用那么奔波。后来由人事处调入国库处，经组织培养当上了副处级干部，直到光荣退休。

今天，包括我们在内，大多数人已开上了汽车，没开上汽车的，至少也骑上了电动车。可当年，我们只有自行车，连自行车都经常破损。那辆伴我近十个春秋的自行车，还是托在公安厅边防局的一位老乡刘许部长凭票买到的。

四、宝贝女儿降生

1987 年 4 月 11 日，我们的宝贝女儿降生了。这年的秋天，我的中级职称讲师也批下来了，真可谓是春华秋实，双喜临门。

1987 年为丁卯年，天干为丁，地支为卯，丁五行属火，卯为生肖兔，望月玉兔，五行为炉中火，故 1987 年出生之人为火兔之命，考虑女儿的生肖、五行，遂为她取了叶亮作为她的大名，叶五行属木，亮五行属火，寓意为木生火，永远明亮旺盛，且叶亮与月亮谐音，也有望月玉兔之意。

女儿出生后，我们全家在广西农学院分给的大平房住了约半年多，女儿的婴儿期算是在广西农学院优美的环境中度过的。那时的生活虽然清苦，但女儿的到来，让我们的生活充满欢乐，充满阳光（见照片）。我们一家之后于下半年搬到中国人民银行广西壮族自治区分行分的麻村宿舍去了。1987 年也可以说是我

▲一家三口合影

们全家在广西农学院住的最后一年，据了解，我们当年住的平房于 20 世纪 90 年代拆除重建，而今已经找不到当年的痕迹了。

女儿叶亮，从小品学兼优，于初中阶段考过大学英语四级，高中阶段考过大学英语六级。在国内某 211 大学完成本科学业后远赴英国伦敦大学国王学院攻读硕士研究生，完成学业后，回国发展。现在四大会计师事务所之一担任高级经理职务。

五、广西农学院——我人生旅途的第一个驿站

从 1982 年 8 月从广州华南农学院分配到南宁广西农学院参加工作，至 1993 年 8 月离开广西农业大学，我在这里工作了整整 11 年。

这 11 年，是我一生中最宝贵的年华，这一时期刚好处于青壮年时期。可以说我把我的青春年华献给了广西农学院，献给了教育事业。与此同时，我在这里也收获满满，这是一段终生难忘的岁月。

在这里我收获了快乐，想当年，一批意气风发，风华正茂的年轻学子云集广西农学院（见照片），大家被安排住在集体宿舍，吃饭时就聚在碧云湖边的杧果树下，有说有笑，无忧无虑。而今这批学子，虽然有的出了

▲广西农学院同事合影

国，有的离开了广西农学院，有的离开了广西，但我们的友谊永存，音容笑貌常在，感谢微信平台，让这批学子至今仍可在“杧果树下”（微信群名）继续聊人生，聊家国大事，聊家长里短，其乐融融。

在这里，我收获了友情。初到农学院，举目无亲。人生地不熟，根本不知道怎么开展工作。记得刚到学院报到时，是人事处叶家意副处长接待的我。他为人和蔼可亲、文质彬彬，让我倍感亲切，或许他看出了我的心事，从我报到之日起，对我的学习、生活就特别关心、关爱，对我的事业发展，他更是给了不少鼓励、支持与帮助，让我事业发展顺风顺水。他是我人生旅途中遇见的第三位贵人。

龙有亮是广西农学院农机系力学教研室（后改名机械设计基础教研室）青年教师，比我年长几岁。从当年参加工作认识至今已有四十年，尽管岁月匆匆，时光飞逝，可我们的友情从未衰减，真正称得上铁杆兄弟。

力学教研室的几位师长，侯经浩老师、臧援老师、夏瑞珍老师、雷国宣老师、黄廷绶老师，都对我的工作与生活给予过不少帮助，是我成长的引路人。

系办公室的林曼芝老师、李忠汉老师、高素云老师以及办公室当年的教学秘书卢翠英都给予我不少帮助。农业工程系主任黄廷绶教授，系党支部书记农方红以及校职改办主任蒋述璋老师对我工作和事业的支持与帮助，更是不能用语言来表达谢意。他们见证了我的进步、我的成长，对我倾注了不少心血。可以说，没有他们的关心帮助，就没有我的今天。唯有无尽的感谢感恩！

在这里，我收获了成长。从一个农村娃走来，用十年时光完成一个本科大学生成长为高校副教授的历程，我是个幸运儿，我遇见了好时代，遇见了好机会，遇见了太多的好人贵人。我的进步，应该说既有自身努力、流血流汗的成分，也有大时代的好背景推动，更倾注了同事朋友们的大力支持与帮助。

广西农业大学这片土地，是我人生福地，是我人生旅途中的第一个驿站。

第四辑 银行年华

说实话，在我进入银行系统工作前，虽然住在人民银行的职工大院，但我对银行概念一无所知。对于我这样一个工科男来说，银行实在是个非常陌生的领域。1993年下半年，我幸运地遇见了能进入中国工商银行广西分行工作的难得机会。由此，我开启了第一次跨界、第一次转型。

荣幸加入世界第一大行——中国工商银行

一、调入中国工商银行广西区分行

中国工商银行为中国四大国有商业银行之一，世界五百强企业之一，国有上市企业。它成立于 1984 年 1 月 1 日。它是国有大型商业银行，经过 30 多年的改革发展，中国工商银行已步入质量效益与规模协调发展的轨道。

中国工商银行的基本任务是根据国家的法律、法规，通过国内开展融资活动，筹集社会资金，加强信贷资金管理，支持企业生产与技术改造，为我国经济建设服务。

1993 年 9 月，我接到工行广西分行人事处的商调令，前来工行广西区分行报到。记得当年接待我的是工行广西分行人事处处长周琪玫女士。她对我说，她代表工行区分行领导欢迎我调入区工行，根据领导讨论决定，安排我到区分行信息咨询部工作。当时，我并不知道信息咨询部具体负责区分行哪些业务。待我被带到信息咨询部，见到了时任总经理冯奇先生，经冯总经理介绍，才得知信息咨询部的主要业务有：开展经济金融信息咨询、知识培训、提供企业资信调查、论证、信用等级、投资项目评估、工程预决算审查、企业贷款抵押物评估等。这些业务，不要说做过，连听都没有听过。怎么办？我能适应吗？我能胜任吗？我当时的心情可以说既兴奋又忧虑，时任区分行行长的肖广诚先生，就是拍板调我加入区工行的肖行长，得知我有心理压力后，找到我谈话，让我丢掉包袱，轻装上阵，还以自己的亲身经历鼓励我，没有什么克服不了的困难。多好的肖行长，不仅不拘一格把我调入工行系统，还一直关心着我的工作开展，令我永生难忘。只可惜肖行长因病于2008年去世，对他的恩情无以为报。当年分管信息咨询部的区分行领导刘继福总稽核，也找到我谈心，鼓励我要虚心好学，不懂就多学、多问，并要求我放下“教授”包袱，从零学起。要多参加一些业务培训班，争取早日适应新工作。

另外，还有来自部里新同事的友善目光，这些都让我深受鼓舞，暗自下定决心，一定要让领导放心，让同事刮目相看。

二、一切从零开始

根据部门人员情况，并结合工作需要，部门领导冯奇总经理决定让我从事如下三项业务：一是工程预决算审核，二是贷款项目评估，三是贷款抵押物评估。而这三项业务，除了第二项可由总行考核发证、持证上岗外，其他两项，均要参加当地有关机构的培训，经考试考核合格发给证件后，方可持证上岗。

为了获得初级上岗证，我这个拥有副教授头衔的人同一帮年轻人一起去听课，去培训。

（一）参加工程预决算员学习培训

参加培训学习的第一个班，就是工程预算员培训班。该班由广西建设工程定额站举办。由于我的副教授身份，被领导安排担任培训班班长。

工程预结（决）算，是对建筑工程项目所需各种材料、人工、机械台班消耗量及耗用资金的核算，即工程造价审核，是国家或单位基本建设投资及建设项目施工过程中的一项重要的工作。

工程预结（决）算从业人员的主要工作有以下内容。

1. 根据工程项目建设相关地质资料、设计文件、图纸等资料编制项目工程量清单。

2. 通过对人工费、材料价格、设备价格等进行市场调查，结合工程定额进行工程量清单标底的核算。

3. 依据工程现场进度，对工程量统计进行审核，配合进行施工过程中造价管理及审核工程款付款申请。

4. 确认工程项目使用的工程劳务定额、材料定额、设备定额，对其数量与价格进行检查与控制。

5. 根据工程验收情况和施工承包合同，负责工程承包商、材料供应商的最终结算工作，并进行成本差异分析。

对从业人员的学历能力要求为：大专以上学历，工程预决算或建筑相关专业；懂定额预算和综合预算；懂招投标，能独立完成标书；熟悉造价相关政策法规，了解各地市造价行情。

由上述可知，要真正做好预算员工作并不是件容易的事。

担任建筑施工方的预算员责任更加重大。行业里流行的一句顺口溜为：老总赚不赚钱，全看预算员。

经过培训班的学习与考试，我学到了建筑工程预结算相关知识，也拿到了工程预算员（机械水电类）证书，可以持证上岗了。我持证上岗进行的工程预算审核的第一个项目为南宁市某酒店，该酒店为工行区分行营业部贷款支持的南宁市第一家具备五星级硬件条件的高级酒店。我负责主审水电安装工程部分。

对长期从事工程预决算的工程技术人员来说，做完一个工程项目审核，并不算什么，但对我这样一个须重新上岗的人来说，则有点成就感，感觉我开始适应了新的环境、新的工作。

学会了工程预决算，不仅为我在工行期间奠定了职业基础，而且对我日后下海创业经商也带来了很大优势。取得了工程预决算员资格后，我还不满足，1997 年我又报名参加国家注册造价师考试，只可惜四门课过了三门，有一门课过不了，未能如愿。

（二）参加房地产估价员培训学习

房地产估价员，是指通过房地产估价考试获得房地产估价资格从业证书后从事与房地产、资产评估、核算的专门人员，是房地产评估执业资格的初级人员。

房地产估价员需要达到的工作要求是：能够驻点项目，协助估价师完成各类项目的现场勘查、收集项目所需的各种资料，并进行核实、分析、整理；能够独立完成各类型常规报告的撰写；完成项目的相关协调和维护工作，协助领导完成顾客渠道维护工作；按照公司要求及时归档项目报告、项目总结等技术文件；具有较强的协调沟通能力。

通过学习，我取得由广西壮族自治区人事厅颁发的房地产估价员初级职称，一个在别的领域已取得高级职称的人，跨界从零开始，也难能可贵。

（三）参加固定资产贷款项目评估业务培训

顾名思义，固定资产贷款是指银行对企业的固定资产投资发放的贷款。经济体制改革前，我国银行只对企业的流动资金发放贷款。国营企业的固定资产由国家财政拨款，集体企业的固定资产则自筹。为适应企业经济体制改革需要，我国从 1979 年开始，国家基本建设投资逐步由财政拨款改为银行贷款，中国人民银行也开始发放中短期设备贷款，后设备贷款改称为“技术改造贷款”。由此出现了银行业的固定资产贷款。

根据国家有关部门规定，固定资产贷款必须以国家批准的项目计划和信贷计划为依据，根据规定的程序和授权，先评估，后决策。这也就是为什么各商业银行均须设立固定资产贷款项目评估机构及制定固定资产贷款评估办法。对固定资产项目贷款实行贷前评估，也就成了各银行的通行做法。贷前评估，就是银行进行贷前的调查和评估，对借款人的信用等级以及借款人的合法性、安全性、盈利性等情况进行调查分析，核实抵押物、质物、保证人情况，形成评估意见，供银行审贷委决策使用。

由此可见，贷款评估对银行来说，是一项很重要的基础性工作，故要求每个评估人员必须熟练掌握评估理论、评估方法。为了尽快熟悉业务，我除了参加区分行组织的评估培训外，自己反复学习国家发展改革委编制的《建设项目经济评估方法与参数》一书。经区分行领导审核批准，给我专门颁发了聘书，聘任我为工行广西区分行固定资产贷款评估委员。这是对我的莫大信任与肯定。

快速转型，成功跨界

一、从副教授到转评高级工程师

1993年8月，调入工行前，我在广西农业大学的职称为副教授，副教授与非教授级高级工程师应是同级别职称，但是，你是广西农业大学的工科类副教授，你不是中财大院校财经类副教授，也不是工程院校的副教授，专业上并不具备自带的优势。你调入银行系统，还要看你这个副教授有没有本事适应这份工作！

记得《孙子兵法》上有“置之死地而后生”的话，原意是指在作战时，把军队布置到无法退却，只有战死的境地，这样士兵就会奋勇前进，杀敌取胜。后用来比喻先断绝后路，就能下决心，取得成功。我当年是这样想的，也是这样做的，前面已有所述及，一切从零开始。

我在工行广西区分行信息咨询部的工作主要是：固定资产项目贷款评估、工程预估算审核与贷款抵押物评估三块，重点是固定资产项目贷款评估。固定资产项目贷款评估、工程预估算审核与贷款抵押物评估，对一个从未涉及这些专业的人来说，简直称得上天方夜谭。别的不说，就是项目贷款评估所涉及的财务报表《资产负债表》《损益表》《现金流量表》以及《财务状况变动表》，对于一个工科的人来说，要弄懂、弄通都不容易，而我仅用了半年时间，通过自学就将这些财务报表的原理及钩稽关系搞明白了，而直到现在还不曾忘记。并且，半年后我便担任起固定资产项目贷款评估的重要内容项目偿债能力评估。

记得我参加评估的第一个项目是横县的一个白水泥厂的技改项目，主评估人让我负责涉及企业财务效益部分的评估，这可能是对我的重视，亦有可能是故意考考“教授”的水平。结果，第一炮就打响了，我成功地将项目新增效益剥离出来，完成了项目财务效益测算与偿债能力的评估，深得评估主持人的认可。同时我在工程预结算与贷款抵押物评估方面，也很快上手，成了部里的业务骨干，因此，根据我入行的政治思想表现、工作纪律、工作态度以及所取得的业绩，经区分行高级职称评委会评审，并报中国工商银行总行高级职称评审委员会的评审批准，我顺利地取得了中国工商银行高级

▲中国工商银行专业技术资格证书

工程师系列职称（见照片）。这距离我入行只有一年零四个月，这是对我的莫大肯定与鼓励。

二、从项目贷款评估员到评估领域行家里手

固定资产项目贷款评估，根据工总行《中国工商银行固定资产项目贷款评估办法》(以下简称“办法”，该文虽是1997年发布，但1997年前已在行内试行)，项目贷款评估，可以说涉及银行所有核心业务，这从“办法”所规定的评估内容，就可一目了然。

该办法第二章评估工作要求，第五条贷款评估的依据：(一)国家产业、产品和布局政策，财政税收政策，行业发展规划，国家和行业的可行性研究设计标准及参数；(二)中央银行和我行的信贷政策及贷款管理规定，我行的评估规定和参数；(三)政府有权部门对立项的批准文件，项目可行性研究报告及有权部门的论证意见；(四)借款人的生产经营等有关资料；(五)中央和地方政府有关的城建规划、环境保护、消防、安全卫生、运输、劳动保护等有关法规与规定。

第九条贷款评估的程序：(一)确定主评估人；(二)组建评估小组；(三)调查、收集整理资料；(四)对资料进行分析、审查，做出预测与评价；(五)编写评估报告。

而对项目、借款企业的评价、评估、归结起来，不少于29项。

第三章 借款人评价 第十一条：借款人概况；第十二条：经营者素质评价；第十三条：经济技术实力评价；第十四条：资产负债分析；第十五条：资产运用效率评价；第十六条：盈利能力分析；第十七条：信用状况评估；第十八条：发展前景评

估；第十九条：对新建企业，则着重了解借款人的背景，分析业主经营素质和主要投资者的生产经营及资产负债状况。

第四章 项目建设条件评价 第二十条：项目建设必要性评价；第二十一条：项目实施进程情况评价；第二十二条：工艺技术条件评估；第二十三条：项目建设生产条件评价；第二十四条：经济规模评价；第二十五条：环境保护评价。

第五章 市场评估 第二十六条：市场环境评估；第二十七条：市场竞争能力分析；第二十八条：市场前景评价。

第六章 项目投资估算与评价 第二十九条：项目总投资是指项目固定资产投资和流动资金之和；第三十条：投资估算评估；第三十一条：筹资评价；第三十二条：项目投资计划评价。

第七章 偿债能力评估 第三十三条：综合效益一般包括借款人原有效益、在建工程和拟建工程项目效益；第三十四条：项目财务效益预测；第三十五条：在建工程效益评价；第三十六条：借款人综合效益评价；第三十七条：偿债人能力评价。

第八章 贷款风险与效应评价 第三十八条：贷款风险分析（一）定量分析，（二）定性分析；第三十九条：贷款担保评价；第四十条：贷款效应评价。

由上述所列到的评价内容可见，要做好一个项目的贷款评估，或者说，要完成一份高质量的评估报告，对于主评人来说，对其专业知识的宽度和深度，对其业务知识与理论水平的要求，是何等的高，而对于我这样一个跨界的人来说，又是何等的难！但我却只用了半年的时间，就将总行评估办法所有内容弄懂弄通弄透了。很快就从担当部分评估内容到担当主评人，负责全部评估报告编写及审核。

鉴于我在工行广西区分行项目贷款评估领域的成绩，经区分行领导研究，从1997年起，凡工总行每次举办项目贷款评估业务培训班，均由我代表工行广西区分行参加培训，这让我有了更多的锻炼成长机会。仅从1997年到1998年这两年，我便参加了工总行举办的三期培训班，一是1997年5月，在武汉干校举办的中国工商银行总行固定资产贷款评估业务培训班（见照片）；二是1997年6月，在北海举办的中国工商银行固定资产信贷处长培训班（见照片）；三是1998年10月，在广州市分行培训中心举办的中国工商银行项目贷款评估业务培训班。

▲ 1997年5月，武汉举办的中国工商银行总行固定资产贷款评估业务培训班

▲ 1997年6月，在北海举办的中国工商银行固定资产信贷处长培训班

▲ 1998年10月，在广州举办的中国工商银行项目贷款评估业务培训班

从1993年入行到2004年离开工行，据不完全统计，由我主持（主评估人）的区行固定资产项目贷款（含基本建设贷款及技术

改造贷款）的评估项目不下100个。项目涉及领域广阔，包括机场（北海机场）、港口（防城港港口、钦州港港口）、高速路（南北高速）柳钢、柳工、玉柴、贵糖、黎塘水泥、桂林橡胶厂等新增或技改项目。我用4到5年时间完成一个全新的转型，由过去在大学时诊断（测试）一台机器设备到工行诊断（评估）一个项目的突破，跨度实在不小。

三、从房地产估价员到国家注册房地产估价师

（一）贷款抵押物是银行防范贷款风险的重要举措

抵押物广义地说，是指债务人（抵押人）为担保某项义务的履行而转移给债权人（抵押权人）的担保物。可以是有形财产，也可为登记的无形财产，如地上权利、政府公债、人寿保险等。在一些国家可分为动产抵押物和不动产抵押物。前者为可移动之物，如机器设备、流通票据和所有权凭证。后者包括土地、建筑物（即房地产）。根据有关规定，凡是提供财产作担保的，不论是不动产、动产还是有价证券，也不论是否转移占有，该财产均称为抵押物。

而银行选择抵押物的标准，主要是考虑如下因素：法律法规允许买卖、抵押的，即抵押物必须属于相关法律中明确规定可以抵押的财产；不可抗力风险最少；价格稳定。指抵押物的市场价值相对稳定、不易发生贬值情况。易于拍卖、变现。由于抵押物是对第一还款来源的补充，因此，当借款人第一还款来源不足，无法偿付贷款本息时，最终只能通过处置抵押物来偿还贷款本息，因此，作为贷款抵押物，各银行均首先选择房地产、建设用地使用权等，这占银行贷款抵押物的比例很大。

这就要求作为抵押权人的银行必须拥有一批这方面的专业人才。纵使不用银行专门评估，但第三方评估机构的评估报告，银行方面必须有专业人员审核认定。

（二）国家注册房地产估价师是信息咨询业务重要人才

1. 我国房地产评价制度的起源

我国内地的房地产估价制度，可以说是借鉴香港物业估价做法结合内地实际情况建立起来的。

20 世纪 90 年代，随着房地产交易（抵押物拍卖等）市场的活跃，我国内地的房地产估价活动应运而生。但与发达国家地区相比，我国房地产估价制度的建立起步较晚，运行管理还不够规范。

2. 房地产估价制度的法规建设

从制度法规的建立看，这些相关法制建设都是从 20 世纪 90 年代的一系列改革开始的，这些法制建设内容有：

（1）1994 年公布实施《中华人民共和国城市房地产管理法》，该法第三十三条规定“国家实行房地产价格评估制度”，第五十八条规定“国家实行房地产估价人员资格认证制度”。这两条规定就使房地产估价成为国家的法定制度，从而确立了房地产估价的法律地位。

（2）实行对房地产估价师执业资格注册和对房地产估价机构资质核准制度。按照《中华人民共和国城市房地产管理法》的规定，房地产估价师执业注册是行政许可项目，依法继续实施。按照《中华人民共和国行政许可法》（2003 年主席令第 7 号）和《国务院对确需保留的行政审批项目设定行政许可的决定》（2004 年国务院令第 412 号）的规定，“房地产估价机构资质核准”

和“房地产估价师执业资格审批”都是予以保留的行政许可项目，这就意味着只有注册房地产估价师和房地产估价机构才能从事估价业务，由注册房地产估价师签名和房地产估价机构出具的评估报告才具有法律效力。

（3）制定了房地产估价标准和指导意见。1999年建设部会同国家质量技术监督局联合发布了《中华人民共和国国家标准房地产估价规范》（GB/T 50291—1999），统一了房地产估价程序和方法。2003年建设部制定了《城市房屋拆迁估价指导意见》（建住房〔2003〕234号），对拆迁估价主体资格、估价时点、价值标准、估价方法、初步估价结果公示、估价报告答疑、估价结果异议的解决等做了规定，规范了城市房屋拆迁估价行为。2006年建设部、人民银行、银保监会三部门联合制定了《房地产抵押估价指导意见》，对房地产抵押估价的价值标准及其内涵、估价主体资格、估价报告的使用、相关责任的划分等内容做了明确的规定，旨在规范房地产抵押估价行为，保证房地产抵押估价质量，维护房地产抵押当事人的合法权益，防范房地产信贷风险。

（4）实行了房地产估价师执业资格全国统一考试制度。自1993年和1994年通过考核认定了两批共346名房地产估价师之后，按照《房地产估价师执业资格制度暂行规定》和《房地产估价师执业资格考试实施办法》（建房〔1995〕147号）的规定，从1995年起，取得房地产估价师相关执业资格途径变为通过全国房地产估价师执业资格考试。

3. 国家注册房地产估价师成了香饽饽

根据国家出台的政策法规，国家实行对房地产估价师执业资格注册和对房地产估价机构资质的核准制度。这就意味着只有注册房地产估价师和经核准的房地产机构才能从事房地产估价业务，由注册房地产估价师签名和有资质的房地产估价机构出具的评估报告才具有法律效力。这样一来，为了保证房地产估价业务的正常进行，亟须一大批注册执业房地产估价师。去哪里找注册房地产估价师呢？国家已经出台规定，从 1995 年开始，取得注册房地产估价师的唯一途径就是参加全国注册房地产估价师执业资格考试。而房地产估价师执业资格考试谈何容易？

1996 年，也就是全国房地产估价师执业资格考试第二年，我就试着报了名。按当年报考规定，该考试由建设部与人事部共同负责组织，原则上每年举行一次，报名资格为取得房地产估价相关学科学士学位，具有四年以上相关专业工作经历，其中从事房地产估价实务满三年。每次考试科目为四门，分别为房地产基本制度与政策、房地产开发经营与管理、房地产评估理论与方法、房地产估价案例与分析，四门课需要一次性通过。凡是有一门不过，全部作废，来年再考。对考试通过者，由国家人事部颁发国家注册房地产估价师执业资格证书。

由考试科目可以看到，考试范围涉及房地产行业的方方面面。对于一个非房地产本科的人士来说，难度不小，不要说对一些理论与方法不好理解，就是看完这四本书（近 2000 页 100 多万字），都需要差不多一年的时间，而我从报名考试起，在不脱产也就是不参加培训的情况下，单靠自学就参加了考试，居然一次性通过了四门考试科目，在区分行第一个取得国家注册房地产估价师证书（见照片）。从调入工行算起，我用三年时间，实现了第三次逆袭。据资讯，每年全国注册房地产估价师考试通过率不

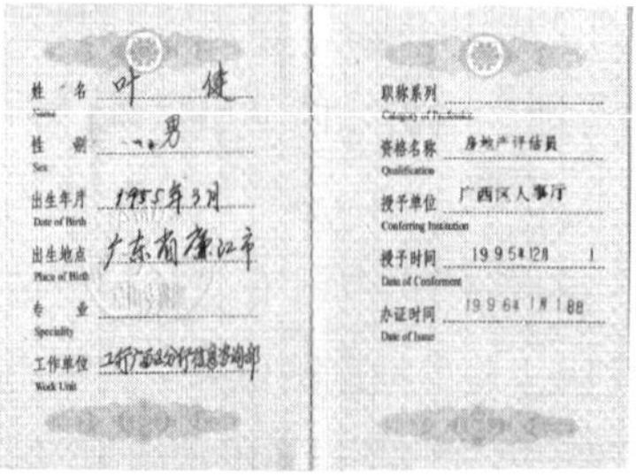

▲广西壮族自治区地产估价员初级专业技术资格证书

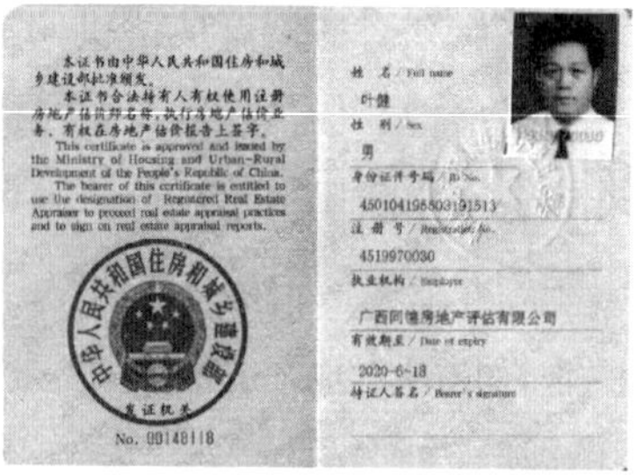

▲房地产估价师注册证书

足 5%。考试通过者全国每年维持在 2000 余人。截至 2019 年，全国共有执业注册房地产估价师在 45000 人左右，其中广西 1200 余人。由此可见，国家注册房地产估价师执业资格证书的含金量还是很高的。在我的副教授、高级工程师与注册房地产估价师的三个职称与执业资格中，我认为能当饭碗的就是注册房地产估价师。

四、从教研室副主任到主任科员到副总经理

1. 从教研室副主任到主任科员

在调入工行广西区分行前，我不知道我的行政级别是什么，在广西农业大学任教时，职称最高为副教授，如果说，还有行政职务，那就是广西农业大学农业工程系机械设计基础（原力学）教研室副主任。按理说，广西农业大学为厅级单位，那么各个系（现大多改为学院）则为处级，教研室为科级，教研室副主任就应该是副科级。但学校并未明确一般教师的行政级别。

进入工商银行后，虽然国有银行按国有独资企业管理，但行政级别在这里很重要。区分行长为正厅级，副行长为副厅级，

各部门主要负责人为处长，副职为副处长。那么处里的人则应为科员、副主任科员、主任科员。据查档，我在工行的主任科员是1993年12月取得的，即在调入工行四个月、大学毕业11年后我成为的科级干部。原先我走的是职称路线，其与行政级别是两条道上跑的车。我转评并被聘任为工行广西区分行高级工程师后，工资待遇与政治待遇，已与处级相平齐。分购房时，套高工职称，我还排在了处级前面，所付房款还比处级少呢！

2. 从主任科员到副总经理

工行广西区分行信息咨询部作为区分行的一个处室，1993年8月我加入该处室时，共有领导干部与职员12人，其中处长1人、副处长2人，按照领导与员工比例为1:4，这在区分行或别的机构来说，领导岗位配比是相对较高的。

从1993年我入行开始，我就把自己的全部精力都用在业务上，每项业务都从零基础做起，做到样样得心应手让领导放心，让领导满意，而不去考虑个人进步问题。年复一年，日复一日，时间来到1998年，这一年老处长冯奇要退休了。经区分行研究决定，以工银桂任免〔1998〕23号文件聘本人任区分行信息咨询部副总经理，让我步入区分行中层管理行列。由于正处长退休，另一副处长停薪留职，一副处长调离，实际上，从1998年开始，信息咨询部由我主持工作。1999年，因为职务晋升，我荣幸地住上了区分行机关最好的住宅楼，南宁市星湖路南三里银湖花园处长楼，这是我最聊以慰藉的，自己的努力、自己的付出没有白费，感谢区分行领导，特别是肖广诚行长的栽培。

奉命组建两家公司

一、组建区工行信息咨询业务公司的必要性

同其他国有商业银行一样，工行广西区分行信息咨询部原来都是银行的一个处室，承担行内安排的相关业务，如贷款抵押物评估、工程预结算审核、固定资产项目贷款评估等，但随着《中华人民共和国城市房地产管理法》以及《建筑工程造价管理条例》的颁布施行，国家实行了房地产估价师、造价工程师的执业注册制度及从业机构的资质核准制度，也就意味着按照国家法律、法规要求，过去那种以行内处室开展相关业务的做法，已不符合国家法制要求，如要继续开展抵押物评估及工程造价审核等业务，必须走上公司化道路，即按《中华人民共和国公司法》相关法规要求，申办相关资质，独立承担民事责任，由此，经区分行领导同意，按照一套人马两块牌子，即明

脱暗不脱的做法，由我组建开展相关业务的公司实体，成立公司势在必行。

二、两家公司相继诞生

1. 广西金瑞信息咨询有限公司诞生

经区分行批准，从 1999 年开始，我紧锣密鼓地开始了筹划成立信息咨询公司的工作。

首先，经反复思考，我给该公司起了一个很响亮、很吉祥的名字：广西金瑞信息咨询有限公司。金，即金子、黄金，象征财富，且与银行的银具有同等性质，均为贵金属；瑞，即瑞符或吉祥，好预兆之意。且我还给公司设计了一个标识（见名片），该标识的寓意是：上方为一个铜币，下方为一个天平，寓意是我们的信息咨询业务相当于用天平来衡量金钱，不论评估还是工程预结算，均有此含义。同时强调我们必须公平公正，一不公平公正，该机构马上失衡，失去稳定性，即失去存在价值，也以此告诫员工：君子爱财，取之有道。

▲金瑞名片

接着是给公司设置经营范围，最后经申请并获批准并写进营业执照的范围为：经理金融业务咨询服务、中介服务、投资与财务咨询、工程造价咨询、资产评估验证咨询服务、企业信用等级评估（须持证经营），经制定章程与验资。最后，经区分行批准，公司出资人为区分行信息咨询部，注册资金为 100 万元。本人担任公司法人代表，出任公司总经理。

2. 广西金瑞达房地产评估有限公司成立

在完成广西金瑞信息咨询有限公司的注册登记后，我又马不停蹄筹划组建房地产评估公司，为了让公司既与金瑞公司有联系又有区别，我给房地产估价公司取名为广西金瑞达房地产评估有限公司，使得两个公司成为姐妹公司。该公司于 2000 年 6 月 29 日注册成立，注册资金为 100 万元。本人作为公司出资人同为工行区分行信息咨询部公司法人代表（企业负责人）和总经理。

推动区分行(全辖)信息咨询业务走上发展快车道

一、推动各地市分行设立分公司

在区分行信息咨询部的推动下，各地市分行的信息咨询部在本分行的支持下，相继成立广西金瑞信息咨询有限公司、广西金瑞达房地产评估有限公司的分公司。经核实，成立分公司的分行有（排名不分先后）钦州分行、北海分行、贵港分行、玉林分行、梧州分行、柳州分行、桂林分行、百色分行。全行完成公司分公司设立后，我于 2000 年下半年举行了全行分公司成立大会（见合影）。

二、举办系列业务培训班、研讨会

1. 举办工行广西区分行第一期贷款抵押物评估验证班

为了推动全行业务尽快走上新阶段，2000 年下半年，我组

▲广西金瑞信息咨询有限公司、广西金瑞达房地产评估有限公司的分公司成立大会

▲全行第一期贷款抵押物评估验证研讨会

织并主持了全行第一期贷款抵押物评估验证研讨会（见照片）。在研讨会上，我就贷款抵押物评估注意事项、各种评估方法的原理与应用以及如何加大业务宣传、提高公司效益作主题发言。我记得在讲到房地产评估的四大常用方法，即成本法、市场比较法、收益还原法和拍卖变现法时，我以老农种菜为例，讲授成本法与市场比较法的原理，让与会者豁然开朗。我说，比

如，老农种菜，辛辛苦苦把菜种出来了，你说他要卖自己的劳动果实，可有几种方法定价？用来定价的方法，是不是可用成本法？所谓“成本法”，顾名思义，就是以老农种菜所付出的成本作为计价依据，老农种菜的成本：首先是不是包括种子、肥料、农药、土地以及人工工资？这是构成种菜的原始成本，那老农愿不愿意就按原始成本卖出去呢？显然不会，因为如仅仅按照原始成本，他的劳动一点剩余价值都没有，显然是不合理的，所以，作为销售定价，应加上一定的利润率，这就是按照成本法定价的思路，该思路可不可行？肯定可行。但实际操作中，有没有人这样做？应该很少。为什么？太原始、太费事。有没有一种方法，不用按照成本法，老农的菜也能卖出合理的价格？有，这就是市场比较法。老农的菜能卖多少钱一斤，根本就不需要这样去计算，你到市场上走一圈，问问同种类菜卖多少钱，比较一下你的与市场上的差异，即可很方便定出你的价格。这样的定价是不是更方便快捷，也更合理？通过这么个小案例，让大家一下子明白了房地产估价的成本法与市场比较法的异同及优缺点。据此，我进一步指出，成本法是一切估计方法之母，但它不能反映供求，而供给与需求是价格的重要因素。正所谓物以稀为贵。所以，市场比较法不失为一种常用方法，必须掌握好。

我还以成本法与收益法进行对比，加深大家对收益法的理解。我的例子是：有两个投资人（甲与乙），他们各自投资 500 万元盖房子，甲将房子盖在市区，乙盖在郊区，盖好后，甲的房子每月出租租金收入 4 万元，乙的房子每月租金才 3 万元，请问盖房成本相同的两栋楼，哪栋楼的评估价值更高？更能卖出好价钱？甲的房子按每月租金 4 万元计，年租金总收入为 48 万元，那么按照总投资 500 万元计算，其年收益率达 9.6%，而乙的房子年收益率只有 7.2%，按静态收益率考虑，甲的房子 10.42 年即可收回投资，而乙的房子需要 13.89 年才能收回投资。很显然，成本相同，但收益不同，房子的价值就不同，也就是说，一个物业的价值高低应主要取决于其获利能力，而不只取决于其成本。通过讲解，大大提高公司工作人员对评估理论与方法的理解。

2. 举办区工行工程预（结）算审核业务培训班

2000 年，办完区工行第一期贷款抵押物评估与验证研讨班后，我又组织区工行工程预（结）算审核业务培训班（见照片）。这次学习班共有各地市分公司的 30 余人参加，对规范业务操作、防范风险、提高经济效益起到了很好的作用。

▲区工行工程预（结）算审核业务培训班

三、与工行广西区分行签订信息咨询业务委托书

在广西金瑞信息咨询有限公司及广西金瑞达房地产评估有限公司成立，并相继开展了业务培训后，接下来我的主要工作

就转移到了业务开拓上。怎么开拓业务？我想一是将行内业务锁定下来，二就是向外拓展。为此，我找到区分行领导汇报，终于以广西金瑞信息咨询有限公司名义与工行广西区分行签署了《信息咨询业务委托书》。这是一份事关公司生存与发展的重要委托书，来之不易，意义非凡。

四、推动区分行信息咨询业务取得可喜成绩

工行广西区分行信息咨询业务始于何时我没有核查，但自我 1993 年调入工行后，信息咨询业务就已经存在，可是一直以来，均以行内处室开展工作，既负责做好行领导交办的各项工作，又兼顾向外创收。这种模式对处室员工可以说是最舒适安稳的，相当于一部（处）两制。但随着房地产估价与工程造价审核业务法制化建设的推进，传统的区分行信息咨询业务，已经到了非改不可的时候。银行信息咨询业务公司化已势在必行。在这种情形下，我相当于临危受命出任信息咨询部（公司）负责人，把公司业务做强做大。

据不完全统计，1999 年到 2002 年，这三年应是工行广西区分行信息咨询业务发展的黄金时期，鼎盛时期全区公司、分公司拥有 100 余名员工，年营业收入 3000 多万元。

加入工行的那些事

一、调入工行的动因

离开曾工作生活11年的广西农业大学，可以说，从感情上、从事业发展上都有些舍不得。1992年，我作为广西农业大学青年教师晋升副教授职称，虽不能说属于破格，但也可以说是一个特例，在同一批参加工作的同事中可谓凤毛麟角。按照当年的发展势头，再用五年时间，也就是到了1997年，我晋升教授的可能性很大。况且，学院领导多次找我谈话，让我行政、业务双肩挑，先到学校教务处任个副处长，然后再决定往哪个方向发展。当听到我要调离时，时任学校党委书记的马继汇教授还专门找我谈过话，希望我不要辜负组织的培养，说，小叶啊，你如果一定要走的话，副教授不能带走。意思很清楚，我一定要走，这个副教授职称就不能给我，因为给了我就浪费了学校的一个宝贵的名额，我还是很能理解学校领导的苦衷的。正是学校用人之际，我又是有意培养之人，为什么急匆匆离开学校呢？是啊，很多人不理解，但我当时，确实离意已定，只能往前走，感谢组织的挽留。

当时，在学校教书生活清贫，日子过得太清苦了。近日翻到当年的工资转移介绍信，那时，我的月收入为 391.67 元。当时，我在人民银行工作的太太，月收入已 1000 多元。当年工行干部的月收入为 2000 多元。银行的收入比学校高几倍啊！收入低、清苦一点不要紧，但是我感觉我在家里没有地位。

1992 年，我的一位学生对我说："叶老师，我对老师一直很尊重，很尊敬，但你让我去当老师，我又不愿意！"这是什么话，分明是说老师没经济基础，也就难有社会地位。说者无心，听者有意。这位学生的话，多多少少又让我坚定了要改变经济状况的决心。这次调动，可以说完全不是从事业角度考虑的，我是为了生计。

二、加入工行，来得正是好时机

我们都不会忘记发生在 1992 年的事，那一年的 1 月 18 日至 2 月 21 日，改革开放的总设计师邓小平先后赴武昌、深圳、珠海和上海视察，沿途发表了重要讲话，史称"南方谈话"。3 月 26 日《深圳特区报》，率先发表了《东方风来满眼春——邓小平在深圳纪实》的重大报道，并集中阐述了邓小平南方谈话的重点内容。南方谈话是改革开放和现代化建设推向新阶段的又一份解放思想、实事求是的宣言书，不仅对即将召开的党的十四大具有十分重要的指导作用，而且对中国整个社会主义现代化建设事业具有重大而又深远的意义。

邓小平南方谈话发表后，我国改革开放事业立马掀起一个又一个新高潮。银行作为经济的“晴雨表”“百业之母”，更感受到“山雨欲来风满楼”，从这时开始，全社会的投资热情被激活，银行固定资产贷款明显增多。作为工行固定资产项目贷款贷前评估的主要部门，明显感觉到时间紧、压力大，而我恰恰是在这样一个千载难逢的好时机加入工行队伍中来的，真可谓英雄遇见用武之地、用武之时。

这里，必须感谢我生命中遇见的第四位、第五位贵人——中国人民银行广西区分行国库处处长张燕玲女士、工行广西分行行长肖广诚先生，是他俩想方设法无私地将我调入工行广西区分行的，没有他俩的关心与帮助，我不可能踏进工行大门，也许也不会有后来的事业，永远感谢感恩他们两位！

三、工行信息咨询部是个好地方

我从 1993 年 9 月进入工行到 2004 年 4 月离开工行，在工行工作近 11 年（同我在广西农业大学工作整整 11 年一样），其中在信息咨询部（含经营策划部、广西金瑞信息咨询公司）9 年，在风险管理部 2 年。说信息咨询部好，好在哪里？第一个好是福利待遇好。第二个好是好在工作压力小，因为信息咨询部不属于银行的核心部门，不怎么承担考核压力，比如说拉存款之类。第三个好就是好在工行的信息咨询系统，纵向（也就是上下级）、横向（兄弟分行）关系密切，互动良好。让人总感觉到无论在区内还是区外，信息咨询部门都亲如一家人。我曾带队前往河北省、内蒙古自治区考察访问，他们毫无保留地传授开展信息咨询业务的经验做法。

在工行的 11 年，是我人生中年富力强的 11 年，我把这宝贵的年华献给了工行。

我怀念在工行这 11 年快乐时光，工行区分行可谓我人生旅途的第二个驿站。

第五辑　商旅时光

提起商海，想必大家都知道，商海是个充满竞争和风险的领域，其特点是竞争激烈，变化莫测，机会与挑战并存，故常常有人用在商海中拼搏来描述商海的险峻。是什么力量，又让我丢掉金饭碗，于年近半百时还毅然决然下海经商创业呢？我想，一是我遇见了一个人生难得的商业机会，二是也想试试自己的商业才能。就这样，2004 年 4 月，我从工行广西分行辞职下海，开启了人生一次新的跨界转型，踏上了一段美好的商旅时光。

初涉房地产业

一、中国房地产的发展历程

说起房地产，我本是个门外汉，既没学过房地产专业，之前也没从事过房地产开发，但自1996年我考取了中国注册房地产估价师后，我的人生就与房地产多多少少发生了一些交集。在从事房地产估价业务的同时，我对中国房地产的发展，也开始了关注与关心。根据媒体核心观点，近现代我国房地产的发展，大体经历了三个阶段。

第一阶段，即新中国成立初期的计划经济时代阶段（1949—1978年），该阶段基本长达30年。基于该阶段内，我国有更加重要的发展国策、建设发展目标与任务，我国房地产停留在计划经济体制内，房地产市场之说无从谈起。

第二阶段，指改革开放前20年，即从1979年至1998年。

该阶段，虽然计划经济逐步向市场经济过渡，但是，市场经济在转型过程中，也出现许多更为复杂的问题，所以，这一阶段房地产市场的发展，也停滞不前。

第三阶段（1998 年至今），经过改革开放前 20 年的探索学习、铺垫和酝酿，到 1998 年，国务院于 7 月 22 日正式颁布了《关于进一步深化城镇住房制度改革加快住房建设的通知》，即我们通俗所说的“房改通知”，以此作为分水岭，住房计划经济时代终结。我国房地产市场从此时开始，发生了翻天覆地的变化。形象地说，一个原本昏昏欲睡的巨人被彻底叫醒，进入了“火箭发射”式的高速发展阶段，并且一发不可收。正是身处这样的大背景，我自然而然地也有投身房地产市场的冲动，也想凑凑热闹。

二、下海源于一个偶然的商业机会的吸引

2003 年底，广西南宁皇龙居房地产开发有限公司董事长杨朝龙先生找到我，说是他在武鸣县购买到了一块地，地理位置很好，在县城通往南宁市的必经之路一侧，土地总面积 185 亩，土地总价款 1100 多万元（折合每亩 6 万元），问能不能借点款给他支付土地出让金。他可用土地使用权作担保。出于房地产评估师的职业敏感性，我专程去现场考察了该地块，认为该地块如果按此价格拿下必将是超值的。就这样，我动员太太将我们家节衣缩食省下的 100 多万元借给了他。约三个月后，杨朝龙先生再次找到我，问我能不能下海同他开发该项目，如同意，则将借款转成股份（债转股），并让我出任开发项目总经理。说实话，听了杨董事长的提议，我当时思想斗争很激烈。一方面，

我当年都是年近五十的人了，人家都想方设法往效益好的单位进，哪还有人愿意离开的！我当年年薪近20万元，这在南宁市挑灯都难找了。万一下海不顺利，岂不是连晚年生活费都没保障了吗？当工行的好朋友卢国隆老总听说我要下海时，都好心劝说我，必须想好，不要一失足成千古恨，并调侃说，出去找不到饭吃不要回工行闹事哈（工行当年曾有部分人因买断工龄遭遇生活挫折后回行闹事）。但一方面，我也不甘心就这样放弃这么好的商业机会。

在我看来，我有三个有利因素：一是我自认为我的谋生能力较强，下海开发该项目如不顺利，我还可以做回我的老本行，开个房地产评估公司，挣不到大钱，可以挣点小钱，一年挣一二百万应该问题不大；二是我的注册房地产估价师挂靠费都能解决基本生活；三是我“一家两制”，太太拿“铁饭碗”，她养活女儿问题不大。再就是，我在想，从那时十到退休，就按每年20万元计，不吃不喝也就220万元；如果我下海经商，万一一年就能赚220万元呢？这种可能性是有的。就这样，思前想后，经过近三个月的权衡利弊与得失，我最终做出人生中一个非常困难但特别重大的决定：下海创业。现在想起来，当年做出这样的决定，需要多大的勇气啊！

三、奉命组建房地产开发公司

2004年初，当我做出下海创业决定后，就马不停蹄地开始谋划房地产开发公司的成立事宜，成立公司，首先得取个公司名称。经我近一个月的思考，我给公司取名“金茂”。当时去工商部门申请注册登记时，一验便过，顺利注册下来。若干年后我才知道，1999 年上海便已有了标志性建筑金茂大厦。

广西金茂房地产开发有限公司的揭牌仪式于 2004 年 3 月 20 日在南宁市民族大道 60 号的广西出版大厦二楼举行，出席当天揭牌仪式的领导嘉宾有刚从工行广西区分行行长岗位退下来的肖广诚行长及夫人张燕玲处长、工行区分行工商信托房地产开发有限公司总经理卢国隆先生等（见图片）。

▲广西金茂房地产开发有限公司的揭牌仪式

公司揭牌标志着项目启动，作为公司总经理的我便开始了对项目的全面谋划。

该项目位于南宁市武鸣县城（现武鸣区）进出南宁的交通要道一侧，项目占地 185 亩，用途为商住，容积率为 2.0。

为做好规划设计工作，我首先带队到南宁市当年的一些定位相近楼盘，如江南南国花园商城、荣宝华商城、五象阳光城等参观学习，然后又带队前往深圳考察。

根据规划许可及股东意见，我们计划将此项目开发成武鸣县宜商宜住的综合项目，报建建筑面积25万平方米，其中商业面积7.5万平方米，住宅17.5万平方米，计划开发周期五年（2004年至2009年），项目总销售额10亿元。正当我这个总经理盘算着怎样推动这个项目尽快完成图纸设计，完成报批，尽快开工建设时，好消息突然传来，武鸣的土地价格从2004年下半年开始迅猛上升，我们这块地原来的土地出让价格每亩6万元，突然间同类土地的出让价一下子上升至每亩20多万元。这时有个做股票发财的股东，按做股票的买卖规则，首先提出是不是通过转让股份套现离场，不开发项目了。由此，摆在股东面前的选择又多了一项，是坚定地将项目开发到底，还是像这位股东的想法那样，通过转让公司股份套现离场？这难住了我这个总经理，也难住了公司董事长杨朝龙先生。往下开发吧，当年（2004年）中国房地产市场有点低迷，并且要开发这个楼盘，单是有了土地款还不行，开发资金去哪里找？当年的房地产项目贷款控得很严，有土地作抵押物也不一定能贷到款。能不能卖楼花呢？理论上可行，现在常用的卖期房就是这样。会不会开发出来卖不出去？造成企业资金链断裂，导致破产？这是开发带来的忧虑。不开发套现离场吧，是一下子赚了点快钱，可在半年内让投入资金翻一至两番。但我可是以辞职为代价出来担任总经理开发这个项目的啊！退出了股份后，我拿这点钱又能做什么呢？当然，由于投入增值一两倍，今后吃饭没问题了，但是我当年还没到50岁，我不能没有一份体面的工作啊！在一筹莫展的时候，我通过在工行积累的人脉，积极寻找能参与开发的投资人。这样，一下子来了近十位意向投资者，其中有一位意向投资者名字叫邹家钊，经多次协商谈判，合作合同都拟好了，正当准备签署合作合同时，邹家钊先生突然做出放弃投资的选择。在几近绝望的时候，我只好接受现实，将自己的股份卖掉。

退出股份后，可以说，我至少有一个月很迷茫，常常跑到我住地附近的南湖公园九拱桥发呆。我百思不得其解，是什么导致项目这样终结？怪合作伙伴吗？说是怪，但也不是责怪之意，人家是炒股发家之人，炒股是怎么赚钱来的？炒股的赚钱铁律是低吸高抛，该出手时就出手。最后，经公司董事长的争取，都无法改变各位股东退股离场、将公司及项目转让给别的投资人的命运。

2022 年春节前夕，我有幸见到十年前已移居澳大利亚的原金茂公司董事长杨朝龙先生，他回忆起十多年前的往事，唏嘘不已，追悔莫及。他说，这个项目后来的投资人赚的这十几亿，本来应属于我们原投资人，但由于原始股东意见纷争无法协调，成果才被拱手转让。现在他连武鸣都不想去了，怕去了见到项目引起伤心。

四、转战广西贵港市房地产开发市场

2004 年 8 月底，在经历了一个多月的彷徨后，有一天我突然接到一个电话，这个电话可以说是一个改变我后来运程的重要电话。这个电话是谁打来的呢？是之前提到的那个准备参加武鸣项目开发的邹家钊先生。他兴冲冲地对我说，让我同他一起到贵港市走一走。正百无聊赖的我，第二天就随他来到贵港市。

原来情况是这样的，中国银行贵港分行于2000年前后，以分行名义向国土部门申请购买了50多亩地，用于为分行员工建设住房，土地证及规划许可证都办下来了，共规划有150块宅基地，除了转角处计划用于商业的地块面积大一点外，其余全部按每宗地88平方米安排。这在当时的政策环境下是允许的，也是很受欢迎的。因为广西不少中小城市市民都喜欢有天有地的房子。但后来因某些原因，该项目不能按计划推进了，并必须公开处理，以便尽快收回投入资金。也就是说，该项目要走拍卖程序，并且已在走程序，邹总带我来考察该项目，就是冲着举牌而来的。经过对该项目的投资风险与收益评估，我们认为，只要能按起拍价拿下，该项目在财务上是可行的。项目的风险就在于它存在一定的瑕疵，按照城区房屋建设需要的手续有：（1）房屋变更登记申请书；（2）土地使用权证或用地证明文件；（3）建设工程规划许可证；（4）建设用地规划许可证；（5）建设工程施工许可证或开工证（报告）等等。经了解，这些证书，至少缺第4、第5项。缺少这两项证书就是该项目最大的瑕疵或风险点。因为如果将项目拿过来后，办不了建设用地规划许可证与建设工程施工许可证或开工证，该项目将搁浅。所以能不能克服这些瑕疵就成为决策的重要因素，也成为项目成败的关键。我作为一个刚从银行离职的人没有半点政府资源可用，尤其是在贵港市。好在邹总在贵港市政府朋友较多。这事就全由邹总负责拍板了。经他几天的走访了解，他同我说，该项目的这些瑕疵是可以克服的，我们要全力去争取拿下。

就这样，接下来的工作首先是报名参加拍卖，然后了解拍卖规则，争取按最低拍卖价拿下。经过努力，我们于2004年9月10日最终以较理想的拍卖价格拿下。未曾想到，在这之前与邹总没能在武鸣合作，现在竟然来到贵港合作。这或许就是缘分吧！与邹总有缘！人生就是这样美妙！以至后来有了微信之后，我的个性签名就是：遇见有缘，缘来是朋友。

项目拿到后，就是紧锣密鼓地筹划推进。首先是搭建项目部。为了尽量减少开支，我们决定，项目工作人员由邹家钊、邹家声（邹家钊亲弟）和我亲力亲为（邹家钊任董事长，我任总经理，邹家声任总监），售楼外包给区农垦当年一家房地产公司的销售部。另外，我从工行贵港分行挖到一个刚退休的员工帮做保卫与后勤，然后，在贵港市金港大道附近租一套房子（实际上开始是一栋）就开始了该项目运作。

在经反复论证过后，我们最终还是选择最便捷的变现方案，即我们只做规划设计（制定建设标准），只做水、电路，我们自己不盖房子，把房子交给买家自己建。就像国际上的大品牌，如耐克、阿迪达斯，只制定标准，把生产产品的任务交给工厂那样。

为了便于宣传，实际上就是为了卖个好价钱，我给项目取了一个好听的楼盘名，叫聚富商城，并由邹家声先生利用他的电脑技术，设计出宣传单。在贵港市广泛派发，就这样，经过两三个月的预热，当我们真的推出楼盘时，该项目在贵港已家喻户晓，没想到我们这三个新手（过去都没有涉足过房地产）一下子竟成了策划高手。

项目开始运作时，我们只是以个人名义开展，但随着项目的推进及对未来的设想，公司化是势在必行。为此，经商量，我们决定在贵港注册成立一家房地产开发公司，这样给公司取名的事，又义不容辞交到我的手上。经反复思考，我建议给公司取名广西铭佳房地产开发有限公司，为什么取铭佳呢？一是铭佳的谐音为名佳，名佳是我们对公司的定位，要做就做一家在当地大名鼎鼎的、名气棒棒的公司，走品牌路线。二是因为邹家钊、叶健的钊与健，一个为金字旁，一个为单人旁，所以，当我建议用“铭佳”两字作公司名字时，获得一致通过。截至取铭佳公司名称时，我前面已取过的公司名称：先是在工行工作时取的金瑞、金瑞达，之后是下海从事房地产开发取的广西金茂房地产开发有限公司，而现在给公司取名铭佳则已是第四家了。

从 2004 年过完元旦开始，我同邹总、家声三人便一头扎进贵港，吃住在贵港。在贵港住了差不多一年时间。当我们将设计施工图做好，完成报批手续后，就开始场地平整，工棚搭建，之后就是开始按规划图配置给排水、配置路网、配置高低压电路。这些做完后就可以开始销售工作了。

销售走得很顺畅，所谓“销售”，就是将完成规划设计、完善配套设施的地块，销售给贵港当地居民或外地居民。由于销售是外包的，而外包团队又很给力，用了不到半年时间，房子几乎销售一空！

同我开始做的第一个房地产项目金茂小区一样，贵港这个聚富商城，也是一个短平快项目，武鸣项目是用半年时间，让投入资金翻了一番多，而贵港项目同样差不多是用 10 个月时间，让投入翻了 1.5 番多。下海这一年多，也真可谓顺风顺水，遇见了好商机与好伙伴。

正当我们准备雄心勃勃地在贵港市再做三两个项目时，有一天邹总对我说，让我同他回南宁看一个项目，我说，我们继续在贵港市做点房地产项目不好吗？现在房地产业已开始萌动了，开始升温了，继续沿着房地产项目走下去吧！他说，先回去看看考察考察吧，我怕你看了那个项目都喜欢呢，都不想再做房地产项目了。这句话，我至今忘不了，而这个项目就是现在在国内大名鼎鼎的富安居的前身——广西琼林家之湾家饰广场项目。

转战家居建材行业

一、21 世纪初期我国家居建材行业状况

要从事家居建材业，就得先了解家居建材业的状况，21 世纪初期家居建材业是什么状况呢？我国的家居建材市场行业是改革开放的产物。随着改革开放的深入、人民生活水平的提高、工业化城镇化的推进和房地产经济的兴起而不断发展，我国的家居建材市场走过了从无到有、从分散到集中、从小到大、从大到治、从治到精、从精到合的发展历程。

20 世纪 90 年代前半期，随着发展社会主义市场经济方向的确立，水泥、钢材、木材、平板玻璃等基础建材全部成为商品被推向市场。不再通过计划进行配置。由于交易量随之而来的仓储量、运输量大增，买卖双方要求集中交易的愿望日益增强，这就催生了一大批专业市场，如北京城建钢材市场、北京九龙

山玻璃市场、浙江南浔胶合板市场等，都是当年比较有名的大型建材市场。

20 世纪 90 年代后半期，我国东部发达地区城乡建设持续蓬勃发展，商品房建设规模在住房分配制度改革推动下迅速扩大。在这个大背景下，建筑装饰装修业及为其服务的建材家居市场行业进入发展快车道。据不完全统计，1995 年，全国成规模的建材家居市场只有几十家，但到了 1999 年，就迅速增加到了 300 多家。

到了 21 世纪初期，除了数量明显增多外，这一时期业内发生最重要事件是，欧美模式的建材（家居）超市进入我国，首先是由天津克瑞斯集团投资建设的天津家居建材超市于 2006 年在天津东丽区开业。而该店是全球最大的家居建材零售商 The Home Depot（家得宝）中国试验店，北京城建集团建设的戎泉建材超市也于 2006 年在北京石景山区开业。之后，东方集团的东方家园建材超市、光大集团的光大建材超市也相继在北京开业。鑫品和好美家在上海开业，而英国翠丰集团旗下的全球第二大家居建材零售商 B&G（百安居）、德国全球第三大家居建材零售商 OBI（欧培德，后为翠丰收购并入百安居）和全球家具家居跨国企业宜家先后进入我国，在上海、北京开店，将当时的建材家居超市建设推向了一个高潮。这就是说，21 世纪初期，家居建材超市的发展已步入快车道，家居建材行业将伴随房地产业的发展，进入一个全新的时代，而这个新时代被我遇见了！

二、跨入家居建材行业的动因

俗话说“男怕入错行，女怕嫁错郎”“选择大于努力”。所以，在进入家居建材行业前，我是有所思考的。跨入家居建材行业，对我来说，主要基于如下考虑。

（一）家居建材业在房地产产业链中占有重要地位

根据公开资料，房地产产业本身和产业连锁占我国 GDP 的 30% 以上，其中房地产业本身约占 11%，而房地产产业链总量占 20% 以上（直接影响占 10%，间接影响占 10% 以上）。因此，房地产仍然是我国国民经济的重要支柱产业。而围绕着房地产产业链上下游的建材家居自然占有很大的份额。也就是说家居建材的年销量是国民消费总量中的一个很大的蛋糕。既然自已离开了房地产业，那就来分享一点这个大蛋糕吧！

（二）家居建材业永远是朝阳产业

这是因为家居建材的消费基本属于刚性消费。它既随着我国房地产业的供给增大而增大，但即使供给量不增大，存量房地产对家居建材的需求，也是个庞大的市场。所以，选家居建材业，就等于选了朝阳行业。

（三）家居建材业的社会平均利润率较稳定

虽然家居建材市场是个竞争很充分的市场，但该行业的显著特点是单笔销售额度较大，毛利润也较稳定。也就是说，家居建材行业的盈利能力相对较强。这取决于居民消费的结构，一般来说，在衣食住行中，住的消费总量应排在首位。

（四）从事家居建材行业让人感到较为光鲜体面

自古以来，人们对生活的需求总是按衣食住行排序，但到了现在的社会，我认为这顺序应该改一下，即住行衣食。这是从人们为了生活得更好而愿意支出付出更多的角度考虑的。所以，在我看来，从事家居建材业是一项收入较高且较为体面的事业。

正是基于以上几点，我选择进入家居建材行业发展。

三、开展对琼林家之湾家居建材项目进行评估

“南宁琼林家之湾家居家饰广场”这个项目于 2003 年开工建设，位于南宁市长湖路与快环交会处。该项目为当年“百企入桂”及南宁市重大项目。该项目占地 80 多亩，一期建筑面积 75000 多平方米，建筑主体采用当年较先进的钢结构，即梁柱全部采用钢材。历时两年多建设，在主体完工 70% 左右时，于 2005 年下半年不知何故而停工，并在寻求对外转让。

该项目能不能受让过来？我利用在工行广西区分行从事十余年项目评估的专业知识，从财务角度做出了评估。根据当年建筑行业的成本费用指标及对比区内外同类卖场的租金水平，经测算，我认为项目一期总投资应在 15000 万元以内，租金水平第一年按 40 元 / 平方米。第二年按 50 元 / 平方米，第三、第四年按 60 元 / 平方米，出租率按 95%，经营成本费用率按 30% 测算，则建成开业后第一年税前利润总额为 2520 万元，第二年为 3150 万元，第三、第四年均为 5400 万元，四年合计税前利润总额为 15646 万元，平均投资利润率 26.1%，投资回收期 3.83 年。这在财务上是可行的。

这份项目评估，让我们投资人心中更有数，更坚定了我们受让该项目的决心与信心。

四、拿下琼林家之湾项目一波三折

（一）琼林家之湾项目

“琼林家之湾”项目停工后，开始寻找受让方。在半年多的

时间里，投资人已接待了不少有意向受让人。在我们的合作伙伴中，能确认最早介入该项目的是陈小春先生，他和另一位合作伙伴邹家钊先生曾经于2003年投资兴建了南宁春城家居商场，故在经营家居商场方面积累了一定的经验，对该项目充满兴趣。我有幸认识他们两人，是缘于处置武鸣金茂房地产那块地（经人介绍，他们两人都去找我谈过武鸣那块地）。过去没有任何交集，以一块地相识，并走到一起，这不得不说是一份很特别的缘分。介入该项目的顺序应该是陈小春先生先对项目进行了调查了解，然后将信息转告邹家钊先生，邹家钊先生又将项目情况介绍给我。如果没记错，我和邹家钊先生是2005年9月下旬从贵港回南宁考察了解该项目的。我们也不知道前来考察项目的已有几拨人，反正前来洽谈的人不少。而前来洽谈的投资人中，我想要么就是有经验缺乏资金，要么是有资金缺行业经验，所以都无法谈成。唯有我们这几个既有些资金又有经验，所以洽谈比较执着，有非拿下不可的想法。

（二）山重水复签下琼林家之湾广场项目

从2005年10月开始，我便全身心地投入了对广西琼林家之湾家饰广场项目的评估论证及项目转让的谈判工作。该项目的转让谈判持续了近3个月。最初决定受让该项目的只是陈小春、邹家钊和我。庞雪妮、何威逊两位投资人是后来才加入的。谈判过程对我来说可以用“惊心动魄”四字来描述。

这是怎么回事呢？原来是经过一段时间的评估论证及与广西琼林投资有限公司股东洽谈，双方于10月初基本达成了转让项目的意向，这时，我受让方投资人陈小春先生为了筹集资金飞赴重庆，这样，我方在南宁的谈判人就剩邹家钊先生与我了，为了加快谈判进程，双方都使出了浑身解数。我方使出了类似最后通牒的招数，即项目转让价格必须在6000万元以下，受让总价之外，承担甲方对外负债总额不超过2400万元。经争取，甲方同意了我方要求，但提出必须马上支付项目定金400万元。为了巩固谈判成果，邹家钊先生电话与陈小春先生商定，同意先支付400万元定金。这时，邹家钊先生问我有没有200万元，如有，则我们两人每人先垫200万元定金。我当时恰好有200万元，由于当时一心想做成该项目且也是初涉商海、头脑简单吧，未多加思考，就答应了邹家钊先生要求，一起向甲方支付了400万元项目定金。可问题就出在这里，几天后，陈小春先生回到南宁，我同邹家钊先生找到他，要求三人签署一份投资协议书，确认这400万元定金是三人出的（按各自的认购股份分担），但这时陈小春先生说他筹不到足够的投资款，该项目可能做不成了，让我们设法去找甲方协商解决退定金事宜。这真是晴天霹雳，怎么也没想到会出师未捷身先死，既然交的是定金，怎么可能要回来呢？如果做不成，我这200万元岂不是要打水漂了吗？我同邹家钊先生曾到玉林等地找到甲方的李长华等几位股东，他们均表示不可能退定金。我又一次陷入辞职下海后的绝望之中。商海真是瞬息万变啊，防不胜防！就这样，我度日如年地过了十多天，每天都盼望着项目出现转机。约于2005年10月中旬，陈小春先生说他找到了两位新的投资人，这就是后来成为富安居股东的庞雪妮女士与何威逊先生。他们两位经过一段时间的调查了解，最后决定加盟该项目。他们的加盟，让项目起死回生，也让我的满脸愁容一下子消退了不少。

接下来的工作，就是全力以赴推进项目的谈判与签约。项目的合同谈判很艰难，前后谈了不下两个月。难题在于确认项目已投入资金及对外负债与付款方式。我方的项目部临时设在民族大道旁的宁汇富士园，陈小春先生的房子内，而与对方谈判地点基本选在南宁市望园路的老树咖啡店。我已记不清进出老树咖啡店多少回，反正已成了老树咖啡店的常客。

经过多轮洽谈，最后双方确认该项目的股权转让价款为6000万元。至股权转让时，转让方对外负债为23816124.73元。与此同时推进的就是股权转让协议书的起草，以及股东会决议的草拟。这些文件交给广西同望律师事务所的黄律师负责。

双方达成一致意见后，紧接着就是以什么公司来签约的问题。根据需要，当时决定要注册两家新公司，由此，需要给两个公司取名。就这样，给公司取名我又发挥了自己的一点点专长，分别建议设立广西富安居市场开发有限公司与广西富士达置业投资有限公司，两公司名字均获得全体投资人一致认同，并经工商部门审核一次通过。这就是富安居品牌的由来。我当时给两公司取名“富安居”“富士达”，一是考虑公司经营业务需要，因为让公司名称与经营业务相一致，这有利于今后的宣传与营销。二是追求富贵、平安与安居乐业既是我们投资人的心愿，也是全社会的愿望，特别是商户的愿望，故名称最好有个好意头。三是取“富”字开头，是考虑“富”的五行属水，而风水学上历来有“山管人丁水管财”之说，即俗语“水为财”的意思。恰巧，富安居西侧绿水环绕，正满足风水学的格局要求。“富”字的宝盖头，本意为房子，引申为家、家庭；宝盖头下方的一横，寓意安稳，稳定；“口”字则表示人员、人口，故一口表示人丁兴旺之意；“田”字则表示田地、土地。下方为

"一口田"，寓意就是有家还有一口田，这在传统社会特别是农耕社会就是富贵、富有之意。可不是嘛，有一口田，就意味着有地可耕或有租可收。这是每个人所追求的。故此，我给两个公司取"富"字开头。

公司成立后，接着就是股权转让协议书的签订。据查实，我们的股权转让协议书及相关文件是在 2005 年 12 月 16 日签订的。这是一个值得富安居人记住的日子。

历经前后三个月的项目调查论证、股权转让谈判及至最终合同签订，我们艰难地拿下了该项目。真可谓"山重水复疑无路，柳暗花明又一村"。

在股权转让协议书签订后，甲方法律顾问同望律师事务所的黄律师不无感慨地说，终于穷（琼）去富来（琼林出局，富安居进入），值得祝贺！

五、让深圳速度在南宁重现

（一）外出参观考察取经

2005 年 12 月 16 日，我们签下南宁琼林家之湾家饰广场项目后，就马不停蹄地组织带领团队前往北京、天津、西安等地参观学习。在北京我们参观了红星美凯龙、居然之家与集美家居建材馆。这些品牌在中国都是响当当的大品牌，其中红星美凯龙和居然之家后来都在我国的证券交易所主板挂牌上市。它们代表着我国家居建材行业的发展潮流，是我们后来者学习的榜样。在天津，我们参观了天津环渤海家居建材广场；在西安，我们与大明宫建材家居城领导进行了深入的交流学习。可以说，此行收获满满，为我们建设好、经营好我们的首家大型家居建材商场打下了良好的基础。

（二）寻找国内顶级家居馆设计机构

紧接着，我们一行飞往我国改革开放的前沿城市深圳，去拜访当年在国内久负盛名的深圳市名汉唐设计有限公司，并邀请他们尽快组织力量前来洽谈商场商业设计事宜。经双方真诚交流，我们很快与深圳市名汉唐设计有限公司签署了一揽子合作协议，即从企业形象、识别系统到商场动线与装修设计，全部交给深圳市名汉唐设计有限公司完成。现在回想起来，我们几个创业者当年还算是站得高看得远，具有较超前的战略眼光。富安居能有今天的成就，与几位品牌创始人早年的品牌规划与定位是分不开的。

（三）开启270天夜以继日的加班模式

自2005年12月16日签下股权转让协议书开始，我们就开启了争分夺秒的加班模式。我们描述农民种田辛苦时爱用“日出而作，日落而息”，可从正式接手该项目开始，我们团队是“日出而作，日落不息”。我们五位投资人每天早上七点多就到了工地，中午也从不午休，就在工地饭堂匆匆吃个午餐，稍坐片刻就又下工地了，晚餐也吃在工地饭堂，晚饭后则视工作需要做安排，比如说要捣混凝土楼面，则要与施工方一起直到深夜施工完毕。一般情况下，都很少晚上十点前回家。可以用上“夜以继日、忙个不停”来形容。原在工地做饭的巫阿姨看到我们几位投资人如此吃苦耐劳，都不无感慨地说，这才是真心做事情的人，与前面的那几位投资人相比，真有天壤之别。

受投资人的感染，当时招聘进入管理团队的工程技术人员、行政管理人员，如邹家声、刘威、李谟伟等也同我们几位企业创始人一样，早出晚归，不计较个人得失。创始团队的这种认真负责、雷厉风行的工作精神与优良作风，一直传承至今。

（四）奋战 100 天确保国庆节正式开业

时间来到 2006 年 6 月 20 日，经几位投资人充分分析论证、审时度势，大家认为召开新闻发布会暨誓师动员大会的时机已成熟，既有可能也有必要。于是我们举行了富安居第一场声势浩大的新闻发布会。

会上，我们几位投资人逐一登台，介绍分析项目进展、招商方案等情况，并回答媒体与商户关心的问题。我记得，当我们提出奋战 100 天，确保国庆节按时开业时，在场的商户几乎无人相信，都觉得就凭我们几个人这简直是天方夜谭。就这个问题，我当时是这样解答的，我说时间上我们是按 24 小时为一天，但工作时间上我们是以 8 小时为一个工作班。那么我们是否可以这么说——“奋战 300 天（班），确保国庆节开业”？再有，工地上 100 人作业时，我们说是 100 个台班；如果增至 500 人作业时，是不是可以说是 500 个台班？我说，只要我们科学组织、周密安排，我们可以一天当三天、四天用，国庆节按时开业是没有问题的。经过我们解释说明、鼓劲加油，现场气氛顿时沸腾，工人和商户们都纷纷表示，必须全力配合公司的部署，做好自己的工作。

说实话，在当时喊出“奋战 100 天，确保国庆节开业”时，我们这些投资人心中也忐忑不安。但兵法上有“置之死地而后生”与“背水一战”之说，我们也只有这一招兵法可用，别无选择。为什么？因为如果不赶在家居建材销售旺季，即国庆黄金周开业，而是推到元旦或者春节开业，这时的开业就失去了意义，开业时如果赶上生意冷清，一是会打击商户的信心；二是如果刚一开业就遭遇几个月的淡季，商户销售不旺，收入减少，那么连工人工资与费用支出都可能成问题，这样的开业将是失败的。所以，我们当时就是这样想的，也是这样做的，必须赶在国庆节开业，不然就得推迟到来年的“3·15”或者“五一”开业，如果这样的话，开业就推迟了半年以上，这势必带来新的麻烦。因此，只好自己不给自己留后路，成败在此一举。后来的事实证明，我们做到了按时开业，我们几个投资人的决策是正确的、明智的，我们让南宁人见证了深圳速度。是的，一个体量7.5万平方米、停工近一年的半拉子工程，我们接手后仅用9个月的时间就完成主体工程、装修工程与招商开业，这在南宁市是绝无仅有的。

（五）南宁市第一家大型家居建材超市如期开业

历史定格在2006年10月1日，这天是我们几位品牌创始人奋斗270天后的作品“富安居（国际）家居建材广场”面世的大好日子。可是，一大早却大雨倾盆，几个月没见过雨了，怎么偏偏选择我们开业庆典的日子下大雨呢？这不是要同我们开玩笑？也许真的是开了个玩笑，正当我们不知道如何是好时，上午九时许，大雨骤停了，且雨过天晴，真的很神奇！

当天的开业庆典活动，我们邀请到了广西壮族自治区、南宁市、青秀区以及武警总队、消防支队等领导莅临。出席现场活动的领导、嘉宾有：广西壮族自治区人大党组副书记、人大常委会副主任潘琦先生，广西壮族自治区经济贸易委员会主任冯祖华先生，武警广西总队副总队长黄瑞平先生，南宁市副市长周红波先生，南宁市人大常委会副主任赖贵寿先生，南宁市青秀区副书记黄丽娟女士等。

出席庆典活动的还有富安居商场的数百位商家老板、店长与导购员，以及富安居全体员工近千人。现场彩旗飘飘，锣鼓喧天，气氛隆重热烈，盛况空前（见图片）。

▲富安居开业庆典

开业前夜，即2006年9月30日夜晚，我们在富安居商场前广场还举行了第二届中国—东盟博览会礼仪小姐的选拔与颁奖活动，这也给10月1日的开业庆典增添了不少亮点。当晚佳丽云集，高朋满座，俨然是一场世界级的模特表演，为开业庆典的预热引爆推波助澜。

富安居（国际）家居建材广场，从2005年12月16日签约到2006年10月1日开业，历时274天，这期间又逢元旦春节等国家法定节假日及外出参观取经等，实际上从接手项目复工至开业顶多也就是260天。用260天时间，将一个7.5万平方米的半拉子工程做到开业，这算不算得上深圳速度？我认为这至少在南宁创了个新纪录。因为这不仅是要赶工程的问题，工程做得出来，没有商户进场也等于白费，我们的成功之处在于，工程赶出来了，商户也进来了，开业当天，商户装修开业率达90%以上，这在当时的南宁市简直是个奇迹。第一个敢于吃螃蟹的人真的吃上了。这让将项目转让给我们的广西琼林市场开发有限公司的股东们懊恼不已，是啊，一步之遥即可登顶，却把登顶的机会给了我们。

为“富安居”品牌建设贡献自己的才智

一、富安居为何选择走品牌建设之路

我们大多数人或许都遇到过或听到过在车站、码头等商贩云集的场所购物时被宰的经历，为什么这些场所的商贩不诚信经营，争取多些顾客惠顾呢？我想，究其原因不外乎如下两点：一是他们缺少品牌意识，不知道什么是品牌经营；二是纵使你按品牌路线经营也争取不到更多客流，因为车站码头的流动人口大多为匆匆过客，你待客再好，客人可能也没回头光顾机会，故此，几乎没有哪个商贩会按品牌路线来经营。由此，这就给我们富安居投资人提出了一个非常重大的选项：我们是选择品牌经营路线，还是走类似车站、码头商贩的经营之道？对此，我们几个品牌创始人毫不犹豫地选择了走品牌建设之路。这是因为，我们从一开始就深刻地认识到品牌（含产品品牌及企业品牌）具有如下一些重要功能与作用。

（一）品牌具有识别功能

品牌的识别功能是品牌最基本、最原始的功能。通过品牌，可尽快地帮助消费者找到需要的产品与服务。即可通过品牌，让目标受众做出是选择这种产品或服务，而不是另一种产品或服务的决定，以此提升企业的辨识度，从而提高商场竞争力，进而获得当前利润与未来收益。

（二）企业品牌宣示与传递企业价值观

企业将自身的经营理念、企业文化、企业价值观、对目标受众的态度等传递给目标受众，而目标受众对企业的感性与理性的认知总和，就构成了企业的品牌。企业品牌核心价值是品牌资产的主体。让目标受众明确而又清晰地识别并记住企业品牌的个性与利益点，积极倡导与彰显某种生活方式和价值观念，就能驱动目标受众认同与热爱该企业品牌。企业的核心价值是企业品牌得以屹立的底蕴，当受众对企业品牌在精神上有高度的认同时，便是企业品牌建成之日。通过品牌，可让目标受众在脑海中留下对企业更深的烙印，而这更深的烙印进而可支配目标受众的行为，由此提升目标受众在商场的复购率。这就是我们决定选择企业品牌建设的重要因素。

（三）企业品牌能给企业带来溢价

品牌作为企业的一种无形资产，它所包含的价值、个性、品质等必然能给企业带来超额利润，即溢价，因为作为文化现象的品牌已成为企业获取经济利益的资源，在品牌下进行产品或服务的延伸，成功率必然会较高，利润回报自然高于低资产价值的竞争对手。这就是说，品牌可给企业带来溢价，带来超额利润。

（四）企业品牌能为商场引流、提升获客能力

企业的获客能力与获客成本在市场竞争中，具有重要作用。在企业品牌没有建成之前，获客行为就是一种恶性循环的行为。为了获得更多的顾客，就得比竞争对手花更多的钱，而竞争对手为了生存下去，就与你拼命竞争，继续抬高获客价格，从而形成恶性竞争，致使大家都无利可图。但有了品牌，不仅获客成本会降低，甚至可使获客成本（流量成本）趋近于零。这是品牌的引流与获客作用。

因此，正是基于品牌建设具有的识别力、竞争力，品牌资产带来的溢价，以及品牌自身的引流作用，我们几个富安居品牌创始人，在企业定位上选择了一条走品牌经营的路线，事实证明，当初的决策是正确的、明智的！

二、品牌建设的重要因素

根据我们的具体情况，我们在品牌建设中，紧紧围绕着如下四个要素进行。

（一）品牌名称

让消费者产生关键性联想的品牌名称是品牌的核心要素，它往往简洁地反映了产品的中心内容，使消费者产生关键性联想。理想的品牌名称应该做到记忆方便，对产品类别及特质、优点等具有准确的定位性说明；有趣味，富有创造力，易于向更广泛的产品种类和地域背景转换。我给品牌取的“富安居”这三个字正满足上述要求。

（二）标识与图标

胜过千言万语的品牌标识和图标属于品牌视觉要素，选择一个恰当的品牌标识、符号或者字符对于品牌的推广与传播具有重要作用。正如西方有句话所说的：“一幅图画胜过千言万语。”标识有几种形式，其中有一种是文字标识，即采用独特的文字形式书写的标识，比如可口可乐的品牌标识、联想的品牌标识、美的的品牌标识等，而我们董事会选定的“富安居”标识（见图片），正符合这些要求。

（三）品牌形象代表

品牌形象代表是品牌符号的一种特殊类型，是品牌形象的传递者。因此，品牌形象代表在本质上属于品牌标识。我们富安居虽然没有选用虚拟形象或现实人物形象做品牌的形象代表，但我们选取的富安居标识就是个很好的形象代表，它以类似于一枚印章的形象对外宣示：一诺千金，以此展示企业的诚信形象。

（四）广告语

广告语形成空前的品牌影响力，广告语是用来传递有关品牌的描述性或说服性信息的短语。广告语一般出现在广告中，但在产品包装和营销方案等其他方面也发挥着重要的作用。广告语是品牌宣传的有力方式，因为它能帮助消费者抓住品牌的含义，了解该品牌是什么，有哪些特别之处，迅速有效地为企业建立品牌资产。我给富安居品牌设计的广告语是：好建材家居，尽在富安居。恰恰满足上述要求，对富安居来说，这是最合适的广告语，没有之一。由于我们是服务型而不是生产型企业，因此融入品位与文化的包装设计就不在我们的考虑范围。

由此可见，品牌主要由品牌名称和品牌标志组成，这是品牌最基本的概念。但是，现代品牌已经超越了区别的单一功能，已成为企业形象和文化的象征，消费者从形象和文化中能感受到选择该品牌的产品或服务带来的心理上的价值利益。因此，品牌最持久的含义是其价值、文化和个性，它们构成了现代品牌的实质。故此，我们在品牌建设中，也特别注意融入企业文化内涵与个性特征。

总之，一套完整的品牌要素，建立起了品牌特征，品牌特征反映了所有品牌要素对品牌认知和形象的贡献，品牌要素的一致性决定了品牌特征的聚合性程度，所以，品牌的创立与品牌要素有着密不可分的关系。在理想的情况下，品牌要素应能互相支持，并且能够方便地应用到产品及营销方案的各个方面。每个品牌要素的运用关键是要善于将它们融合匹配，使得不同的品牌要素可以达到不同的目标，彼此之间能够衬托呼应，优势互补，加强品牌的传播效果。

三、创建品牌的要义

根据上述品牌概念，简单地说，品牌是指消费者对产品及其产品系列的认知程度。品牌是人们对一个企业及其产品、售后服务、文化价值的一种评价与认识，是一种信任。品牌是一种商品综合品质的体现和代表，当人们想到某一品牌的同时，总会和时尚、文化、价值联系到一起，因此，企业在创建品牌时，必须不断地创造时尚、培育文化，随着企业做强做大，不断从低附加值向高附加值升级，向产品开发优势、产品质量优势、文化创新优势的高层次转变。当品牌文化被市场认可接受后，品牌才产生其市场价值。可以说，没有对比就没有品牌。

品牌的建设（创建）是个系统工程，它需要激情、智慧与信念。品牌的强大取决于品牌的领导力。其中，定位是方向，平衡是方略，平衡中蕴含定位，定位使平衡更具有力量。这是品牌建设需要遵循的要义。

四、品牌的知名度、美誉度与忠诚度的打造

对品牌简单的理解就是消费者对产品及产品系列的认知程度。品牌作为企业的无形资产，只要说到品牌，就会提到品牌的三度，即知名度、美誉度、忠诚度。那么，怎么去打造这三度呢？

（一）品牌的知名度

想要让顾客买你的产品，首先得让他们知道你的产品，这是常理。这就是说，你首先得建立知名度。建立品牌的知名度，通常做法是烧钱，即通过广告轰炸、媒体炒作，甚至有人不惜使用负面事件，片面认为把产品炒热了，品牌的知名度就有了，这其实是不可取的，甚至是错误的。

品牌知名度的建立，首先要求自己对品牌有一个准确的定位。这个定位要在第一时间能够进入顾客的认知，让顾客在脑海中形成一个印象，这样品牌的传播才能建立起知名度。广告轰炸虽然能炒出知名度，但并不能真正建立起品牌的知名度。从形式上说，一般通过新闻公关或借助公信力建立的品牌知名

度更可靠。我们富安居的品牌知名度就是这样建立起来的。烧钱做广告也需要，但更重要的是借助新闻公关与公信力。这样才能事半功倍。

（二）品牌的美誉度

品牌的美誉度是指一个品牌获得公众、社会以及行业信任、好感、接纳和欢迎的程度。它是评价品牌好坏的重要指标，是留在消费者心中的影响程度，能直接影响到消费者的决策。美誉度属于顾客体验中、使用后的口碑传播。品牌美誉度的资产价值体现在口碑效应上，有调查报告显示，由口传信息引起的购买次数是广告引起的购买次数的 3 倍，口传信息的影响力是广播广告的 2 倍，是人员推销的 4 倍，是报纸、杂志的 7 倍。可见，品牌的美誉度越高，口碑效应就越明显，品牌的资产价值就越高。深挖人们选择品牌的原因，就是因为品牌给人们带来了超越产品本身的价值，购买者认为，产品物有所值或得到了超值享受。这是美誉度的核心价值。我们富安居的美誉度就是通过口碑效应建立起来的。

品牌美誉度，实际上包含三个层面，即“品牌美誉度 = 客户美誉度 + 行业美誉度 + 社会美誉度”。所以建立品牌美誉度时，需要在这三个层面发力，相比于客户、行业来说社会美誉度更显重要。因为社会美誉度反映品牌是否承担了相应的社会责任，是否有推动行业发展的影响力。这是我们在塑造富安居品牌美誉度时，尤其注重社会美誉度的原因之一。

（三）品牌的忠诚度

品牌忠诚度是衡量消费者对品牌忠诚程度的指标。由消费者长期反复地购买使用品牌，并对品牌产生一定的信任、承诺、情感维系，乃至情感依赖而形成。而品牌忠诚度高的顾客，对价格的敏感度较低，愿意为高品质付出高价格。能够认识到品牌的价值并将其视为朋友与伙伴，也愿意为品牌做出贡献。在品牌的三度中，品牌忠诚度是最高境界。有研究显示，有超过50%的消费者愿意为他们信任的品牌支付更多费用。这就告诉我们，继续投资现有客户，在经济上是有积极意义的。那么，怎样建立品牌忠诚度?

1. 提高客户服务水平

建立品牌忠诚度，很大程度取决于用户体验，保持始终如一的质量和可靠的客户服务是建立品牌忠诚度的有效方式，即你尊重你的客户，你的客户也会尊重你。

2. 建立行业权威

将自己定位为所在领域的专家，认真地对待品牌声誉，可以在很大程度上赢得消费者的信任。

3. 用社交媒体与顾客互动

通过互动，可以展示你的品牌个性，吸引更多受众关注。同时，通过在社交媒体上处理投诉，来建立负责任的品牌形象。

4. 通过优惠培养忠诚度

无论客户在哪个阶段，优惠都是吸引客户的重要手段。明确奖励忠诚度，能为客户提供独特体验，从而培养他们对品牌的忠诚度。

5. 使用忠诚度计划

建立起基于奖励的忠诚度策略，如为客户每次购买给予积分，然后，让他们利用这些积分去换取自己想要的产品。通过积分计划，可有效地提高客户对品牌的忠诚度。

6. 建立品牌社区

品牌社区是品牌宣传的延伸，它是让人们忠诚于你的品牌的理想场所。建立社区有多种方式，一个简单的主题标签就能帮助你与关注者开始互动。让客户使用你的主题标签时，就能获得归属感。

7. 保持品牌的一致性

客户对品牌已形成了特定的认知，所以在每次与品牌互动时，都希望能感受得到它。故此，保持品牌的一致性，包括一致的品牌 LOGO 和一致的品牌视觉元素，都是建立品牌忠诚度的关键因素。

8. 传递高价值

要想赢得客户忠诚，让客户每次购物时，都把你作为首选，我们就得兑现自己承诺的一切并超越顾客的期望。我们所做的一切，都要保持高质量高标准。只要我们能持续为客户提供最优质的产品与服务，客户就觉得没有必要去选择其他产品了。

这些就是建立品牌忠诚度的要义，十几年来，我们富安居都一直在践行着这样的品牌战略，也取得了很好的社会效益与经济效益。

总而言之，品牌知名度、美誉度与忠诚度是构筑品牌的重要三维。知名度，是顾客在大量品牌中能辨认出某一个品牌的能力；而美誉度是人们对某一品牌的信任与好感值；忠诚度是指顾客对某一品牌认同而反复购买的频次。三者相辅相成，缺一不可。

五、为富安居企业文化建设及打造百年企业出谋划策

在经济学领域，有这么一条不成文的关于企业运行的规律，

即企业一年发展靠运气，三年发展靠管理，十年发展靠机制，百年发展靠文化。

在品牌建设中，品牌最持久的含义是其价值、文化和个性，即品牌哲学、价值第一，构成品牌的最为重要的要素是它的个性特征与文化内涵。

因此，无论从品牌建设还是百年企业打造，都共同指向企业文化。

（一）企业文化的含义

企业文化是指企业在长期生产、经营、建设、发展过程中所形成的管理思想、管理方式、管理理论、群体意识及与之相适应的思维方式和行为规范的总和。它是企业领导层提倡上下共同遵守的文化传统和不断革新的一套行为方式，体现出企业价值观、经营理念和行为规范，渗透于企业的各个领域和全部时空。企业文化的核心内容是企业价值观、企业精神、企业经营理念的培育，是企业职工思想道德风貌的提高。一句话，通过企业文化建设，可使企业人文素质得以优化，推动企业竞争力提高和促进企业经济效益增长。

（二）企业文化建设的作用

1. 企业文化是企业核心竞争力的关键所在

企业文化具有鲜明的个性和时代特色，是企业的灵魂，它是构成企业核心竞争力的关键因素，是企业发展的原动力。毛主席早就说过：“没有文化的军队是愚蠢的军队，而愚蠢的军队是不能战胜敌人的。”企业也一样，没有文化的企业是愚蠢的企业，而愚蠢的企业是不能在竞争中取胜的。

2. 企业文化可增强企业的凝聚力、向心力，激励员工开拓创新、建功立业。

3. 企业文化对员工起到内在的约束作用

“企业即人”，企业文化即企业人的文化，属于思想范畴，是人的价值理念，这种价值理念与思想道德属于同一范畴。企业文化和社会道德一样，都是一种内在的价值理念，都是一种内在的约束，是对外在约束的一种补充。

4. 企业文化能促进企业经济效益的提升

企业文化作为一项高级形态的管理职能，它最终的绩效应该体现在企业的经营业绩上。

总而言之，企业文化建设，是指企业文化相关的理念形成、塑造、传播等过程，是基于策划学、传播学的一种理念的策划与传播，是一种泛文化。

（三）企业文化建设的基本原则

1. 以人为本

文化建设须以人为本，人是文化生成与承载的第一要素。企业文化建设中，要强调关心人、尊重人、理解人与信任人。企业团体意识的形成，首先是企业全体成员有共同的价值理念，有一致的奋斗目标，这样才能形成向心力，成为一个有战斗力的整体。我们是这样想的，也是这样做的。因此，富安居不论是董事会，还是管理层，都心往一处想，劲往一处使，从而形成坚强的战斗队伍。

2. 表里一致

由于企业文化属意识形态范畴，它要通过企业或职工的行为和外部形态表现出来，这就容易形成表里不一的现象。因此建设企业文化，必须首先从职工的思想观念入手，树立正确的价值观念与哲学思想，并在此基础上形成企业精神与企业形象。防止形式主义、表里不一的现象发生。形式主义不仅不能建设企业文化，反而是对企业文化的歪曲。

3. 注重个性

个性是企业文化的一个重要特征。文化本来就是在本身组织发展的历史过程中形成的，每个企业都有自己的历史传统和经营特点，因此，文化建设要充分利用这一点，建设具有自己特色的企业文化。企业有了自己的特色，并且被顾客所公认，才能在企业之林中独树一帜，才有竞争优势。

4. 注重传承传统文化

企业文化建设，必须是在传统文化的基础上进行增值开发，不然，企业文化就失去存在的基础，也就没有生命力。我们在企业文化建设中，就一直注重中国传统文化，比如中国传统文化中的民本思想、平等思想、务实思想等。将这些思想的增值开发并用于企业的文化建设，有助于为企业职工提供平等竞争的机会，有利于按劳分配、同工同酬机制的运行。

（四）富安居企业文化建设历程

企业文化，说到底就是企业所有团队成员共享并传承给新成员的一套价值观、共同愿景、使命及思维方式，是企业组织中被广泛接受的思维方式、道德观念和行为准则。富安居企业文化建设历程如下。

1. 从行为文化入手

首先制定理念。我们制定的企业理念是“尽心尽力，做到最好”。关于企业理念，我们不是把它形式化，停留在喊口号、标语层次，而是要深入贯彻，要对员工的理想追求进行引导。

为此，还得做好如下工作。

（1）建立规章制度

企业理念能否落实，很大程度表现在企业的规章制度。有了好的规章制度，就能使员工的行为体现企业的理念要求。这些规章制度包括员工行为规范、公共关系规范、服务行为规范、危机管理规范、人际关系规范等。

（2）工作与决策

企业理念必须反映到企业的日常工作和决策中。在这过程中，企业领导必须以身作则，使员工有效仿的榜样。

（3）注重典礼、仪式

各种典礼和仪式，可有效地推广企业理念，并将之丰富生动地贯彻到各个方面。如企业的各种会议、展览、庆典及企业内部外部节日等。富安居自开业至今，每天早上的晨会上让员工尽情喊出“尽心尽力，做到更好”，就是一种很好的仪式。

（4）典范、英雄引领

为实施和贯彻企业理念，我们除了每年表彰先进个人外，还通过评选富安居十大感动人物等来引领、激励员工队伍积极向上。

（5）注意传播与培训

为有效地传播企业理念，共享价值体系，也为了员工切实参与到企业文化中，我们建立了畅通而多样的传播途径，如内外部网络、内部报刊、论坛与宣传阵地，并利用这些途径，经常性地对员工进行教育与培训。

2. 视觉文化

理论研究表明，一个人在接受外界信息时，视觉接收的信息占全部信息的88%。因此，在传播富安居的企业文化时，我们从一开始就特别注重视觉文化建设。视觉形象本是依附于企业文化的，但企业文化却利用视觉形象得以广泛传播，所以，视觉文化是企业文化建设的重要载体。

在企业文化形象，即视觉文化设计中，我们认为，最重要的是企业标志、标准字、标准色与吉祥物。而这些元素的设计，须满足以下原则：

（1）能担当公司理念，精神象征；

（2）可长期使用，与公司远景相适应；

（3）易于识别，具有艺术美感；

（4）与其他行业具有良好的差别性。

为此，我们在企业的导视系统、户外展示、广告、宣传系统、办公系统、服装识别系统、礼品系统等方面，都融入了富安居视觉文化。

3. 企业精神的凝练与提升

企业精神是企业基于自身特定的性质、任务、宗旨、时代要求和发展方向，经过精心培育而形成的企业成员群体的精神风貌。企业精神是企业文化的核心，在整个企业文化中起着支配地位。企业精神以价值观为基础、以价值目标为动力，对企业经营哲学、管理制度、道德风尚、团体意识和企业形象起着决定性作用。可以说，企业精神就是企业的魂。

富安居的企业精神是什么？富安居的企业精神的凝练，可以说分为两个阶段。第一阶段是以“诚信、务实、专业、创新”为企业精神，考虑到企业精神需要体现企业的价值观、共同愿景、使命担当。2020 年，我在原来的基础上将企业精神提炼为“诚信、担当、创新、致远”，该企业精神的提炼也得到公司上下的认同。

这里，诚信用来宣示企业的价值取向；担当用来表达团队整体对目标与事业的追求与职责；创新用来展示企业的精神风貌，是企业精神之活力与源泉；致远则用来表达企业家与团队的共同愿景。

（五）为将富安居打造成“百年企业”而努力

“百年企业”，是企业家的一种格局与情怀，也是一种匠心精神。要打造“百年企业”，首先追求的不能是短期利益，也不应是规模与速度，而是要在做精、做强上下功夫，并在企业治理结构、管理制度、文化建设上明显优于其他企业，这才是企业基业长青的法则。

要成为“百年企业”需要从以下这六方面努力。

1. 树立“长期主义”的战略视角

日本经济学家后藤俊夫在《工匠精神》一书中说，日本千年企业有 7 家、百年企业有 35000 家。正是这些秉持“长期主义”价值观的企业，奠定了日本制造业强国的地位。可以说，未来中国的强大，也需要大量秉持“长期主义”价值观的企业在各领域深耕细作，我们富安居董事会也是这么想的，也一直在践行“长期主义”价值观。

2. 拒绝短期快速发展诱惑

业务扩展与基业长青哪个更重要？在我们看来业务扩展虽有利于基业长青，但那种杀鸡取卵的做法不可取。所以，富安居一直以来坚持先做强的理念，坚持稳健发展。

3. 持续强化核心竞争力

要想成为“百年企业”，核心竞争力很重要、很关键，缺少核心竞争力，要长期发展就很困难，所以我们一直以来紧紧抓住核心竞争力的强化建设。

4. 坚持以客户为中心

德国著名企业管理学者赫尔曼·西蒙认为：“以客户为中心比以竞争为中心更重要。与客户之间保持常年的合作关系是德国企业的长处，这甚至比强大的技术竞争力更有价值。”这也是我们富安居长期坚持的理念。

5. 从上到下的工匠精神

工匠精神不只是上级要求下级去做，而是包括投资人在内都必须主动去实现。我们也是这样去做的，即我们一直认为细节决定成败，每个人每个环节都必须做到“尽心尽力，做到最好”。

6. 重视售后服务

售后服务不只是简单的微笑、良好的态度，更重要的是正视问题、快速解决问题、百分之百兑现承诺。这是售后服务的精髓。一个企业的口碑与品牌价值都是通过这细微的售后服务积累起来的。

富安居从开业至今已走过了十六个年头，离百年基业、百年老店还有很长的一段路要走。但是，我坚信只要我们有战略眼光，又能脚踏实地地一步一个脚印，就一定能到达百年企业（老店）的彼岸。

六、富安居十大感动人物背后的故事

“榜样力量，引领前行。”作为富安居企业文化建设的组成部分，为传承富安居优秀文化，展现富安居人的精神风貌，传递企业正能量与价值观，在新中国成立70周年之际，我作为值班董事，经与全体董事及管理团队商议，决定启动富安居首届十大感动人物评选活动，寻找感动人物背后的故事，让他们身上闪耀光芒的品格在富安居得以弘扬。在这些感动人物中，有“孝心爱心责任心，一心向党，回馈家人与社会”的孝子，有“良心为本，真诚待客，艰辛铸就广西本土品牌”的商人，有“在平凡岗位，闪耀不平凡的光芒”的员工，有“深耕家居业35年”的行业领路人，有“持家有道，创业有成，为家人为社会默默燃烧”的丈夫，有“德为先，爱至善，做个道德高尚”的家居人，有“以身作则当表率，热心公益做奉献”的慈善者，有“11年爱岗敬业，真诚服务铸口碑”的导购员，有“父爱如山事业家庭两兼顾，身体力行为员工创造梦想平台”的成功企业家，有“百善孝为先，传承美德暖人心”的店长。他们的人格力量影响着每个人，他们是学为标杆、行可借鉴的榜样力量，引领着我们前行。

富安居十大感动人物的评选于2019年6月正式启动，活动启动后，富安居活动组委会通过自主报名与推荐的形式层层筛选出20名富安居十大感动人物候选人，并举办了网络投票。网络投票于7月15日正式结束，于7月18日举办了评审会，特邀请广西区政协原副主席潘鸿权、青秀区金湖社区书记韦姣、富安居董事会、管理层领导及商户代表、媒体代表作为评审团，现场采取网络投票与评委投票按权重综合考评（网络投票占30%、评委投票占70%）的形式，最终从20名候选人中评选出10名富安居十大感动人物人选。

8月17日，富安居十大感动人物颁奖典礼于富安居中庭正式举办，活动特邀区政协原副主席苏道俨、老红军张尚仁、金湖社区书记韦姣、南宁市市场监督管理局专业市场管理分局副局长陆晓华、广西广播电视台新闻中心副总监樊志强、人民网广西频道总监林爵栋、广西日报社雷小琴及富安居董事会、管理层领导及商户代表、媒体代表参加，现场播放了10位感动人物的事迹视频，嘉宾上台宣读感动人物颁奖词并逐一为感动人物颁奖。本次活动全程遵循“公平、公正、公开”的原则，得到了富安居全体成员的积极参与。通过感动人物事迹的挖掘与报道，全体富安居人深刻感受到了榜样的闪光力量，也向外界传播了富安居良好的企业形象，为富安居企业文化建设谱写了新的篇章。

以下是十大感动人物的故事（按得票多少进行排序）。

（一）豆义全：孝心爱心兼备，用行动回馈社会

评委会颁奖词：年少的游子用热血创造世界，内心的牵挂始终是母亲的白发，唯有创造价值，回馈社会，一心向党，用爱心、孝心、诚心与付出，才是对亲情、恩情的回报。

豆义全，南宁百得胜总经理，在富安居及南宁开了10家百得胜门店，并发展成为广西多个地市的代理商，连续多年获得百得胜销量排名前十。多年来，他坚持为消费者带去环保家居，让更多的家庭拥有温馨与平安。12年前，豆义全作为家里唯一的男人，不忍看到家人再经历贫苦毅然携8000元钱创业。经过12年自强不息艰苦创业，现今他经营的贸易公司代理两个上市品牌，为社会创造约250个就业岗位。

俗话说，百善孝为先。孝敬父母、孝敬长辈是各种美德中占第一位的。豆义全不仅是一位优秀的企业家，也是一位孝子，

他信守“百善孝为先”。对家人，他时刻惦记，处处关心，平时工作再忙，也会时常抽空给母亲打电话，了解母亲身体和生活情况，对亲人的生活无微不至地照顾与帮助。他用实际行动回报父母、回报社会、回报乡村、回报家乡，成为家乡的楷模。他通过艰苦创业拔穷根还致富不忘乡亲，并以拼搏、艰苦奋斗的精神影响着村子里的同宗兄弟姐妹们，在家乡形成了一股孝心与奋进的风气，他带领着大家共创美好家园，现如今他的家乡已经成为当地远近闻名的富裕村。

作为一个商人，豆义全深知只有富有爱心的财富才是真正有意义的财富，只有积极承担社会责任的企业才是最有竞争力和生命力的企业。

一个企业既有经济责任、法律责任，也有社会责任、道德责任。 企业做得越大，社会责任、道德责任就越大。多年来他踊跃参加在富安居统筹的捐资助学活动，为贫困山区学生捐款，用实际行动回馈社会，承担更大的社会责任。

随着市场经济的快速发展，企业承担着满足人民群众日益增长的公益服务需求职责，党政建设发生了巨大变化。随着非公企业党建的推进，豆义全积极响应党的号召，在企业内部组织成立了“南宁桂尔贸易党支部”，其本人积极向党靠拢，成为一位预备党员，并在组织内部大力发展党员。党支部成立以来始终坚持党的领导，坚决贯彻执行党的路线方针政策。在金湖社区党支部组织下多次参加贫困山区慰问活动。

（二）汤建国：坚守环保，做强广西品牌

评委会颁奖词：创业道路艰难，他依然初心依旧；行业之路曲折，他始终坚守环保。16 年风雨路，让环保家居走进千家万户。

汤建国，广西福之凯家居有限责任公司总经理。2003 年，汤建国来到广西南宁，他以战略性的眼光看到了定制行业的前景，从南宁市场入手，以一己之力，扬帆起航，立志为每一个家庭建立一个有爱的厨房，怀着“为客户提供更环保、更健康的定制产品”的初衷，他创立了爱阁工房全屋定制。

2007 年，汤建国带领爱阁工房品牌正式进驻广西南宁极具影响力的家居商场富安居，以富安居商场为定点，以爱为理念，携手富安居。汤建国带领团队始终以客户为中心，品牌影响力不断扩大，店铺从当初的一间小铺面发展成如今不仅在富安居拥有 10 家店铺，还在广西多地开设了旗舰店，生产、销售等从业员工近千人。汤建国带领着爱阁工房扬帆起航，不仅成了广西本土品牌中的佼佼者，更是收获了众多客户的认可与肯定。

早在品牌创立初期，汤建国就四处奔走调研，最终选择了以环保和品质而享誉全球的德国爱格板。同时又与国有企业、国内第一家人造板上市公司——吉林森工露水河集团达成了战略合作。爱阁工房成为德国原装进口爱格板与吉林森工露水河 EO 级板材广西指定合作运营商。汤建国良心选材，从源头保证了产品的品质。

市面上大多数定制品牌为了节约成本，其产品的背板通常只有 9 毫米，不仅承重力不足，更无法抵抗南方的回南天。作为在广西成长起来的本地品牌，爱阁工房要做广西人的暖心品牌。针对南方潮湿天气，汤建国带领员工不断创新，因地制宜地采用 18 毫米厚背板以及全柜体三合一打钉组合技术，这一工艺在2017年获得由国家知识产权局颁发的实用新型专利证书。在品牌成长过程中，汤建国始终坚持以客户为先，凭着“48小时售后到家、5年质保、终身维护”的售后服务体系和高品质的产品，爱阁工房赢得了“12万+”客户的支持和认可。这“12万+”客户见证了爱阁工房的成长。如今，汤建国创立的爱阁工房已经走到了第16个年头。16年的砥砺前行，爱阁工房建立了4万平方米的自主研发制造中心，在广西拥有店面逾40家，成为广西极具规模的全屋定制品牌。

然而，这远远不够，因为在家居行业，广西还没有享誉四海的品牌。汤建国志存高远，要将爱阁工房打造成为广西著名实业，让广西人也拥有值得骄傲的家居大品牌，他将带领团队，朝着这个目标不懈奋斗。

（三）阳丹：爱岗敬业，显奉献精神

评委会颁奖词：在一个再平凡不过的岗位上，你坚持把一件又一件小事做好。你用真诚和品格，感染着身边的每一个人；用专业和微笑，给每一位顾客带来灿烂的阳光。在富安居每个平凡的日子里，闪烁着不平凡的光芒。

阳丹，现任富安居营运部客服主管，自2014年8月23日入职富安居至今已经有5个年头。入职以来，她始终保持着爱岗敬业的工作精神和全心全意的服务态度，在2015年、2017年、2018年多次获得“富安居年度优秀员工”荣誉称号。阳丹以客服文员岗位入职富安居。客服文员岗位虽小，但作为商场、商家和顾客沟通的中间桥梁，责任却非常重大。为此，在完成工作之余，阳丹刻苦学习《消费者权益保护法》等相关法律法规及家居建材行业的相关知识。

2017年，顾客李先生夫妇因在某地板品牌购买的产品延迟交货与专柜产生纠纷，5月某日，李先生夫妇带着朋友来到该专柜与导购员协商，阳丹作为客服代表陪同进行协调。在协商过程中，因双方言语激烈导致李先生一时情绪失控，他随手抄起一把椅子就往导购员身上砸。事发当时，瘦弱的阳丹丝毫没有考虑自己的安危，二话不说就用手拦下了椅子，强忍着疼痛的阳丹没有责怪顾客，而是讲道理，想办法解决，最终缓和了双方的情绪，避免了情况进一步恶化。阳丹作为一名年轻的客服，在客服岗这样一个平凡而又经常遇到复杂局面的岗位，遇事头脑清醒、处事冷静，把握分寸得体，在平凡的岗位上，既显示出富安居客服人员恪尽职守的优秀品质，又展示了一名优秀客服的敬业奉献精神。

2018年顾客黄女士在富安居商场某专柜定制橱柜，由于种种原因要求专柜赔偿。黄女士之前多次与专柜沟通未果后投诉至富安居客服中心。阳丹接到客诉后积极主动与专柜协调。历经长达3个月的时间，经阳丹多次与专柜及顾客沟通，双方终于达成共识，圆满地处理了本次客诉。事后黄女士亲自送了一面锦旗给阳丹，感谢阳丹在这3个月里为顾客与专柜搭建了一架有效沟通的桥梁，切实做到了锦旗所写的“尽职尽责好服务，诚信诚意待顾客”的服务宗旨。

“不积跬步，无以至千里；不积小流，无以成江海。”阳丹在富安居的5年能始终保持初心，对事认真，对人真诚。她爱岗敬业、认真负责的工作态度是我们学习的好榜样，她真诚待人、专业周到的服务态度令我们折服，她用自己的实际行动阐述了

“尽心尽力，做到更好”的真正含义。

（四）林丽新：行业领路人，诚信立标杆

评委会颁奖词：努力，是财富；陪伴，是成长。你深沉、朴实的目光，坚定行业方向，与富安居风雨同舟，见证家居行业的健康发展。你是德高望重、无私奉献的榜样，让人敬仰。

林丽新，广州穗宝床垫总经理、广西家具协会副会长。他是家具业内人士熟知的林叔，在南宁家具行业已经辛苦耕耘了将近35年，林丽新可以说是南宁乃至整个广西家具行业历史发展的见证人。他从最初开始生产沙发、床垫的自营工厂，发展成为今时今日专业的家居品牌经销商；从交易场、展览馆的小商铺，发展到今天跨地区、跨品牌经营的15家门店。

从富安居开业之初，广州穗宝床垫率先成为进驻富安居南宁店的首批家居品牌。这13年来广州穗宝床垫和富安居同风雨共成长，同时广州穗宝床垫也跟随富安居一步一个脚印，成为南宁市民心目中值得信赖的品牌。林丽新积极配合商场组织的每一场活动，践行企业责任、热心公益事业，传递爱的正能量。他还和富安居董事以及其他商家一起筹建了广西家具协会，引领广西家具行业做大做强。

他做人做事低调，不张扬，经常给予后辈帮助和鼓励，他认为，只有让行业互相良性竞争、互相扶持成长，才能推动家居行业的整体发展和进步。他悉心开导后辈，亲自向他们传授经验和技巧，与他们一起驰骋商海并肩作战。他帮助的人中，有不少今日已成长为优秀的企业家，他帮助一位小伙子赚到了第一桶金并创立了今天的知名红木家具品牌；他帮助富安居商家奔赴广东寻找品牌，并资助了创业资金；他帮助富安居商家申请办理营业执照，打通各种渠道和人脉。诸如此类的例子还有很多，他不仅教会他们经营之道，还教诲他们诚信经营。他因德高望重的品行而备受他人尊敬，他无私奉献的精神为后辈为人处世树立了榜样。跟随他多年的员工说道，他是商家眼中德高望重的长辈，是良师是益友，是通往成功路上的明灯。

“人无诚信不立，业无诚信不兴。”作为诚信标杆企业，林丽新时刻坚守承诺，踏实为广大顾客提供符合规范的高品质产品与优质服务。让顾客买得舒心、用得放心，让消费者满意是他对顾客做出的郑重承诺，他对商场营造良好的诚信经营氛围贡献卓著。他是商家的领袖人物，他更是商户诚信经营的优秀代表。

（五）邹家声：持家有道，筑爱之声

评委会颁奖词：金戈铁马雄心路，勇谋双全建功勋。对行业有坚定的执着，所以才兢兢业业；对家庭有更深的理解，所以才持家筑爱。他慈爱的面孔，是企业、家庭最美丽的风景。

邹家声，广西南宁市美墅美家商贸有限公司董事长。邹家声从 2003 年起从事家具、建材行业，是广西推行高档家具专业商场、高档家具、建材品牌理念的先行者。他通过 3 年时间拜访了国内 300 多家生产厂家，走遍全国 80 多家家居商场，为广西引进了国际、国内一线家居建材品牌 200 多家。目前这些品牌均落户在富安居经营，为富安居在广西的持续繁荣打下了坚实的基础。邹家声刻苦学习先进的家具建材商场管理理念、家居建材经营之道，通过 10 多年时间，从经营代理一家品牌到已经成为拥有 13 家国际、国内高端家具、建材品牌的企业，为提升广西人的家居生活品质做出了积极贡献。

邹家声在公司成立之初就提出了拿下重点品牌的企业拓展布局，企业发展至今，年销售额过亿元。他的公司源源不断地为行业输出先进的管理模式和成功的经营理念，进一步提升营销售后服务理念、管理理念、人才服务理念，完善培训体系，推动了家居行业经营管理的发展。如今他依旧保持着创业的激情和昂扬斗志，作为公司的一家之长，他亲自传帮带，指导帮助员工取得进步；面对有困难的员工，他尽可能地帮助员工解决后顾之忧，让员工感受到满满的归属感和这个大家庭的凝聚力。

在家庭方面，邹家声也是一位爱家顾家之人。在员工的朋友圈里，经常能看到邹家声晒出的幸福照。他会尽量抽出时间陪伴家人，或与家人一起散步，或与家人一起旅行。许多人都难以想象一位繁忙的企业家能够在家人面前如此体贴入微。他十分关注孩子的健康与成长，竭力给孩子提供应有的高质量教育。在孩子心目中，他既是严父也是朋友，每当有任何生活中的困难时，都会向他倾诉。他认为，孩子的人生路，作为父母应尽心陪伴，不应一味掌控他的人生。

邹家声，作为企业家，敢想敢做、有勇有谋；作为老板，大公无私、领导有方；作为丈夫、父亲，体贴爱家、沉稳慈爱。他希望在家居行业中通过自己微薄的力量去帮助更多优秀的员工得到成长，走向事业的成功；也希望通过诚信经营让更多的客户享受高品质、高性价比、更优质的家居产品。

（六）宁定先：德为先，爱之尚

评委会颁奖词：你是企业的明灯，带领企业稳步发展，帮助员工实现梦想；是大家心中真正的企业家，充满着智慧，拥有着博大的胸襟；懂得经营，舍得分享，是社会责任的担当。

宁定先，南宁德尚家居用品有限公司董事长，青秀区工商联副主席、工商联执委，南宁市青秀区政协委员，是实实在在的企业家。他做人很低调，做事很踏实，在德尚，一说到宁定先，所有德尚家人都充满着感恩和敬爱。

自 2006 年第一家德尚家居连锁店在富安居开业至今已有 13 年，目前已发展成为在富安居拥有 17 家连锁品牌形象店的整体家居服务机构，公司营业面积 1 万多平方米。他每一步发展都力求突破，实现了艺术家具、艺术软装、整体定制三大板块齐头并进的行业首创模式，他始终秉承诚信经营的原则，选择品牌始终坚持严把品质关。他在源头上把关严格，在行业内获得非常好的客户口碑，很多客户装修几套房子都是相信德尚、选择德尚，这也正是德尚发展壮大的根本。

德尚在行业内得到大家的认可，还有一个原因就是宁定先对员工的大爱。他是个非常大方的老板，他坚持让员工快乐工作、开心生活的企业文化理念，所以德尚员工幸福指数和忠诚度都非常高。大家把德尚当成家一样，而宁定先就像德尚的大家长，他在公司实施了快乐旅游文化、拼搏奖车文化、激情 PK 奖励文化，每一步都充分体现了一个老板的格局与大爱。很多员工一毕业就进入德尚，跟着他一起拼搏、一步步成长。目前公司 80% 的员工在公司工作 3 年以上，很多都实现了公司的奖车和买房梦想，让员工做到了快乐工作、开心生活。德尚人在企业里都很幸福，这源于宁定先的睿智大爱及开阔胸怀。

宁定先还经常教导员工要学会感恩，要有爱心，要有社会责任感。对内，他倡导孝顺顾家，让员工父母走进公司，向员工家人发放礼物，让员工成为父母的骄傲；对外，他带领员工团队成立爱心基金，带领员工用爱心基金资助贫困的孩子上学。南丹有个小孩叫李启军，因为贫困辍学，宁定先带着员工用爱心基金资助他上学几年。在他的带领下，德尚爱心基金走进了养老院、孤儿院，在他的影响下，很多员工也开始并坚持做爱心接力。

都说一个老板的魂就是企业的魂，在德尚，只要有宁定先在，员工都感到无比心安。他就是企业的明灯，带领着德尚稳步发展，帮助员工实现梦想；是大家心中真正的企业家，充满着睿智，拥有着博大的胸襟；他懂得经营，舍得分享，是社会责任的担当，是当之无愧的榜样人物。

（七）韦克：胸怀坦荡勇担当，以身作则当表率

评委会颁奖词：名如其人，他做人，克己慎行；做事，克尽厥职，用心用情做好每一件事。他胸怀宽广，识大体，顾大局。他温和谦恭，慈爱仁善。

韦克，南宁福牌家居总经理。他曾是20世纪90年代末一位下岗工人，后从事家具行业20余载，现已成为广西大型的儿童家具代理商。2006年，他是富安居第一批致力发展高端品牌专卖店的创业者，拥有两家门店，直至2019年，在富安居商场发展到9家门店，他和第一代家具人共同见证了南宁家居行业的发展变化。

作为一名导购员，他敬业爱岗，努力变成一名资深的优秀导购员。他曾在门店从早班接待客户到晚班，也曾在晚上9点半，给客户送货安装，在上午8点装车送货。

作为一名经销商，旗下品牌七彩人生的销售总监评价他是

忠诚的合作伙伴、患难与共的战友。旗下品牌 ABC 销售总监评价他是最没有老板架子的老板。

作为一名老板，他选择相互成就，为员工提供成长的平台。14 年创业生涯里，他培养出了 9 名家具行业老板，对公司员工，他大胆赋能，毫不保留地培养他们成为独当一面的职业经理人。

作为一名慈善者，韦克每年都要花费大量的时间、精力和资金用于扶贫帮困、捐助慈善事业。每当富安居开展慈善活动，他都主动参加，尤其是在近几年富安居举办的捐资助学活动中，他积极出钱出力跟随富安居资助贫困学生上大学。他捐资助学不忘家乡，每年都会资助家乡贫困的老人、孩子，他关心家乡的教育事业，出资成立了奖学助学基金会，连续三年资助贫困学生上学，更重要的是他还从思想上关心他们，帮助他们摆脱家庭贫困带来的自卑心理，鼓励他们好好学习。他的善举让许多困难中的人看到了希望，同时也感召着许许多多的人加入慈善事业。

作为一名父亲、一个儿子、一位兄长，他温和谦恭、慈爱仁善。在父亲生病的日子里他悉心陪伴，父亲去世后闭门守孝一个月。在妹妹找工作四处碰壁之时，他主动为妹妹指引明路。他是家中栋梁，是持家守业的好榜样。他传递给福牌人的信念就是：一个能经营好家庭关系的人，在事业上也会是成功的典范。韦克，就如我们身边的每一个平凡人，就像我们身边的兄长、朋友、老师，他用行动践行着“幸福都是奋斗出来的”。

（八）王江平：事业家庭兼顾，树立良好榜样

评委会颁奖词：他为员工创造梦想的平台，他为孩子插上

梦想的翅膀，他为有爱的家庭搭建梦想的空间。他的无私奉献，将传递着有家有爱的种子，撒向人们的心里。

王江平，欧派橱柜 / 衣柜南宁公司总经理，将一个面积仅50 平方米的欧派橱柜专卖店经营发展成如今拥有 4000 平方米面积的欧派 MALL 大家居，他让欧派在南宁成为家喻户晓的家居品牌。

他在南宁富安居经营产品覆盖整体橱柜、整体衣柜等，他和他的团队精心设计、尽心服务，通过多维度运作，着力打造一家让员工成为事业伙伴、让客户称赞、让行业羡慕的企业平台。作为一位老板，悉心培育员工成长，实现精神物质双丰收。

在家庭教育方面，王江平亦尽心尽责。当孩子到离家较远的学校念书时，他意识到父爱缺席对于孩子的陪伴与教育是非常严重的问题，于是王江平毅然决定在孩子学校附近租房陪读。陪读不是一件易事，需要在事业与家庭之间做抉择，但王江平毫不犹豫地选择了家庭。陪读生活开始，王江平亦勤勉律己，他认为绝不能在百无聊赖中虚度四年的陪读时间，必须让这四年过得有意义，这样也能让陪读的日子变得快乐开心、丰富多彩起来。

正当他在思量之时，孩子学校下发了一条通知，提到需要关注孩子的身体素质。王江平意识到，作为孩子家长必须以身作则，当前自己稍显肥胖的身体是不能给孩子树立榜样的。于是，他每天在孩子去学校上课后，坚持跑步 5 公里。经过四年的坚持，体魄健壮了，瘦了近 20 斤。在父亲的鼓励下，孩子在这四年中也坚持锻炼，积极参加学校体育活动，身体素质一直保持健康状态。王江平为了孩子努力锻炼瘦身，温暖又透露着热烈，父爱如山，大爱无言，伟岸而坚强。

王江平说，除了照料孩子的日常起居，也可以把陪读当作一次心灵的放假、精神的解放，当作人生旅程的一次充电加油。只要用心坚持，也能成为一件非常有意义的事。这四年的陪读时光，他倍感珍贵。

王江平，为事业为员工为家庭，从不停止、绝不求次、无私奉献，兼顾事业与家庭，秉持持家守业的精神，尽心尽力为顾客提供满意服务，让员工实现自我价值，让家庭幸福美满，让孩子健康成长！他的人生，必然发光发亮！他真正做到了有家有爱有欧派！

几经寒窗苦读，经确认，王江平大儿子，于 2022 年以高考总分 658 分被中国人民大学录取，圆了父母望子成龙的梦想，也为富安居争了光！可喜可贺！

（九）黄桂秋：11 年真诚服务换来顾客赞许

评委会颁奖辞：她 11 年坚守平凡工作岗位，任劳任怨、兢兢业业，把青春的朝气和热情传递给身边的每个人；她的真诚，她的专业，用青春在家居行业谱写炫丽的音符。

黄桂秋，于 2008 年初进入富安居工作，深深扎根在简一大理石瓷砖从事销售工作，转眼已过了 11 载。在这 11 年间，她爱岗敬业，兢兢业业，在遇到困难时总能保持沉着冷静，在辛苦工作之际还不忘积极踊跃参加公司及富安居各大活动项目。由于工作出色，她获得公司老板的认同以及顾客的信赖，在 2016 年被公司评为高级讲师，同年又被富安居评为十佳优秀导购员。经过几年的努力以及销售经验的积累，2017 年她被公司评为 A

级销售顾问。简一大理石瓷砖从事销售 11 年来，公司定位和服务都是走高端路线，这就要求每个人必须加强自身的专业素养和服务质量。服务过的顾客都对她热情的服务和专业的态度称赞有加，因为她而选择简一大理石瓷砖。

在 2013 年一次亲自送货上门服务过程中，有位顾客当时选了简一的一款主卫地面砖，面积不大。由于顾客所在楼层没有电梯直达，黄桂秋主动提出帮助顾客扛砖送货上楼。她凭借小小的身躯硬是把沉重的砖送上了楼，还帮顾客打理好一切后才离开。这虽然是一件小事，却让顾客记忆深刻。2018 年，当这位顾客再次需要装修的时候，毫不犹豫地选择了黄桂秋销售的简一产品。

黄桂秋力求以最大的努力换取顾客的放心和满意，以自己的真心和诚心换来顾客的支持和赞许。还有一位顾客在翻新旧房的卫生间地面时，黄桂秋用自己专业的设计和眼光为顾客挑选合适的产品，不仅能出效果，还让顾客满意，让顾客省了几万元，顾客对她表示万分感激，还备了厚礼作为回报。这样一件平凡的小事说明只要付出真心，就能让顾客感到满意。

简一不仅重视大客户，对待其他顾客也都一视同仁。黄桂秋不仅是在售前服务周到，在售中更是严格把控产品的质量，售后全程服务、检查，及时跟进工地补货、退货，急顾客所急，完工后按设计方案进行铺砖验收和签字。在顾客使用产品的过程中还定期回访，持续跟踪，把服务做到顾客的心里去。

黄桂秋 11 年如一日，以岗为荣，以专一的态度、真诚和细心的服务换来顾客的认同和赞赏，身体力行服务好每一位顾客，为简一瓷砖树立了良好的品牌形象。

（十）黄燕飞：善孝为先，传承美德

评委会颁奖辞：当命运的绳索无情地缚住双臂，当别人的目光叹息生命的悲哀，她依然固执用平凡的生命去面对一切艰难困苦，用所付出的孝心谱写中华传统美德，虽然艰辛填满每个陪伴亲人的日子，可她的笑容依然灿烂如花。

有着五千年历史的中国，自古就有“百善孝为先”的传统。孝，是中华民族的传统美德。百善孝为先，这是民族历史上的佳话。要做一个好人，一个善良的人，一个成功的人，首先就要做到孝。失去了孝，就好比人已失去了心脏，只有一具躯壳立于世上，已失去了生命的价值，孝是应被提倡被我们一辈辈传承的。父母对我们的爱是无私的，他们给了我们生命，把我们带到这个世界；给我们锦衣玉食，让我们健康快乐成长；他们也曾不惜代价，满足我们的各种要求……

谁言寸草心，报得三春晖。黄燕飞，宫廷壹号专柜的导购员，以她的孝心感染着我们。得知公公确诊为癌症晚期后，家境贫寒的她第一时间把公公接到广西医科大肿瘤医院住院，以便公公能接受最好的治疗。她每天除了兢兢业业地工作，照顾小孩、处理家务琐事，其余时间就是奔波于医院，陪伴在家人旁边，聊天解闷，安慰和鼓励公公要有战胜病魔的信心。她每天做好营养餐按时送到医院，还坚持每天用热水给公公泡脚，这样能有效缓解因生病带来的疼痛。在公公住院一个多月的时间里，她想尽办法向身边的亲人借钱，并写下欠条。公公的病情反反复复，尽管生活艰辛，但她总是咬紧牙关，鼓励公公继续治疗，以积极的心态面对疾病，并全程悉心照料。当看到公公满头大汗、痛不欲生的时候，她多希望自己也能帮他分担些疼痛。可惜最终她公公还是没能战胜病魔，离开了人世。

在家人最需要帮助、照顾的时候，她不离不弃。她付出的孝心，不仅抚慰父亲，也给孩子做了好榜样，同时感染着每一位同事，这种中华民族朴实而真挚的人性之美值得我们学习。

七、富安居自开业以来所取得的荣誉

（一）富安居（国际）家居建材广场简况

富安居（国际）家居建材广场，简称富安居，是由广西富安居家居建材广场物业管理有限公司投资开发与经营的大型家居建材商场。广西富安居家居建材广场物业管理有限公司（以下简称富安居物业公司）是一家以经营家居建材为主，集物业服务、物业开发与租赁、房地产投资、营销策划等于一体的大型民营企业。公司成立于2003年，注册资本1800万元。注册地：南宁市青秀区长湖路55号。公司现有员工145人，其中拥有本科以上学历的员工占50%。

总投资超10亿元（含商家投入）的富安居商场（琅东店），于2003年动工，该项目为当年“百企入桂”和南宁市重点建设项目之一。项目占地80多亩，经过两次改扩建，现有建筑面积15万余平方米。该项目于2006年10月1日建成开业，是目前南宁乃至广西最具规模与实力的家居建材“一站式”购物商场。

商场环境一流，设备设施先进，配备有中央空调系统、全自动消防喷淋系统、监控系统、配电（强电弱电）系统等。有38台各式电梯（观光梯、扶梯与货梯），大型花园式室外停车场可容纳近1000台车辆同时停放。是广西首家“五星级”家居建材商场。

商场走高端品牌发展路线。专业经营国内外，中高端家居与建材。进驻富安居的商户近600家，经营着上千款国内外知名品牌，涵盖家具、沙发、橱柜、卫浴、瓷砖地板、五金、涂料、电器、窗帘、饰品等，是名副其实的装修、装饰“一站式”购物场所。富安居琅东店的开业，填补了南宁乃至广西区没有高端家居建材商场的空白。尽管近年来南宁同类商场不断增多，但富安居琅东店凭借着自己的品牌优势和独特的竞争力，长期牢牢占据着南宁市家居建材市场的龙头地位。至今，富安居仍然是广西家居建材行业的第一品牌，是广西区人民家装购物首选之地。

富安居在经营管理上，引入国际先进的管理理念与管理模式，实行市场化经营、商场化管理，即商场全面实行统一管理，包括统一形象标识、统一收银、统一营销策划与统一的售后服务等。在广西行业内，率先推出了“低价承诺”“先行赔付”“对售出商品负全责”“质量保真，假一赔三”等服务承诺，获得广泛好评，建立了良好的口碑。富安居开业10多年来，已发展成为行业内最具影响力的知名品牌之一，并呈现出良好的发展势头。取得了较好的社会效益与经济效益。据不完全统计，富安居商场年销售额在20亿元以上，实现利税近亿元。更重要的是提供了近万就业岗位，为推动南宁乃至广西区家居建材产业及带动周边上下游产业发展、繁荣市场、扩大就业及增加税收等方面做出了积极贡献。

富安居在发展自我的同时，牢记自己肩负的社会责任，自

2006 年 10 月 1 日起，就一直热心于社会公益事业。2008 年汶川大地震发生后，富安居全体员工与商户踊跃捐款捐物；2009 年在广西百色市乐业县建成第一所富安居希望小学；自 2015 年起，每年资助 50 名贫困学子圆大学梦；2019 年起每年八一建军节前后慰问老红军、老兵；2020 年向武汉捐款 100 万元，还长期参与南宁市市场监督管理局组织的下乡扶贫。据不完全统计，开业以来投入社会公益事业的资金近千万元，为社会公益事业做出了自己的贡献。

（二）富安居自开业以来所取得的荣誉

富安居自 2006 年 10 月 1 日开业以来，在富安居董事会的领导下，经全体管理团队及商场全体商家的共同努力，团结拼搏，我们战胜了一个又一个困难，取得了一点点的成绩。我们所取得的这点成绩虽然微不足道，但却得到了各级党委与政府的肯定，及社会各界大众的厚爱获得了不少荣誉。这些荣誉包括：

1.2006 年荣获广西壮族自治区南宁市工商行政管理局颁发“守合同重信用企业”的荣誉证书；

2.2007 年荣获中国建筑材料流通协会颁发“中国 50 强建材家居商场”的荣誉证书；

3.2008 年荣获中国建筑材料流通协会颁发“改革开放 30 年风云企业”的荣誉证书；

4.2009 年荣获广西壮族自治区商务厅颁发“2008 年度广西保供应、促消费先进流通企业”的荣誉证书；

5.2009 年荣获中共南宁市青秀区委员会南宁市青秀区人民政府颁发“南宁市青秀区 2008 年度经济发展优秀企业二等奖”的荣誉证书；

6.2010 年荣获中共南宁市青秀区委员会南宁市青秀区人民政府颁发“南宁市青秀区 2010 年度经济发展优秀企业二等奖”的荣誉证书；

7.2011 年荣获中国建筑材料流通协会颁发“中国建材家居示范市场”的荣誉证书；

8.2012 年荣获中共南宁市青秀区委员会南宁市青秀区人民政府颁发“南宁市青秀区 2011 年度发展经济优秀企业二等奖”的荣誉证书；

9.2012 年荣获中国建筑材料流通协会颁发“建材家居流通标杆卖场”的荣誉证书；

10.2013 年荣获中国建筑材料流通协会颁发“中国建材流通行业吸纳就业先锋”的荣誉证书；

11.2013 年荣获中国建筑材料流通协会颁发“中华人民共和国建材交易信用等级 AAA 级企业”的荣誉证书；

12.2013 年荣获中国建筑材料流通协会颁发“优秀经销商合作平台”的荣誉证书；

13.2014 年荣获中国建筑材料流通协会颁发“2014 年度优秀经销商合作平台”的荣誉证书；

14.2015 年荣获广西壮族自治区商务厅颁发“2014 年度广西商贸流通先进企业”的荣誉证书；

15.2015 年荣获南宁市青秀区工商业联合会颁发“2014 年度南宁市青秀区工商联光彩事业先进单位”的荣誉证书；

16.2015 年荣获广西壮族自治区工商行政管理局广西壮族自治区消费者权益保护委员会颁发“2013 至 2014 年广西消费者维权先进集体”的荣誉证书；

17.2016 年荣获中国建筑材料流通协会颁发“中国建材家居示范市场”的荣誉证书；

18.2017 年荣获南宁市工商行政管理局颁发“南宁市文明诚信示范市场”的荣誉证书；

19.2018 年荣获广西人民广播电台颁发“2017 年度最受听众喜爱品牌”的荣誉证书；

20.2019 年荣获广西广播电台颁发“2018 年度听众人气品牌”的荣誉证书；

21.2019 年荣获中国建材家居流通协会颁发“2019 年全国建材诚信经营示范点”的荣誉证书；

22.2019 年荣获广西广播电视台及广西商标协会颁发“2019 年广西品牌节行业影响力品牌”的荣誉证书；

23.2020 年荣获中国建筑材料流通协会颁发“2020 年中国建材家居诚信经营示范市场”的荣誉证书；

24.2020 年荣获中国建筑材料流通协会颁发“2020 年中国建材家居卖场单店 50 强”的荣誉证书；

25.2020 年荣获南宁市市场监督管理局颁发“2019 年度守合同重信用”的荣誉证书；

26.2021 年荣获广西壮族自治区市场监督管理局颁发“2019 年度广西壮族自治区守合同重信用公示企业”的荣誉证书；

27.2021 年荣获南宁市市场监督管理局颁发“2020 年度南宁市文明诚信示范市场”的荣誉证书；

28.2021 年荣获中国建材家居流通协会颁发“2021 年诚信经营示范市场”的荣誉证书；

29.2021 年荣获中国建材家居流通协会颁发“2021 年卖场单

店50强”的荣誉证书；

30.2021年荣获南宁市市场监督管理局颁发“2020年度南宁市守合同重信用公示企业”的荣誉证书；

31.2021年荣获广西广播电视台颁发“2021年度听众满意品牌”的荣誉证书；

32.2022年荣获南宁市监督管理局颁发“南宁市文明诚信示范市场”的荣誉证书。

八、富安居董事会创造的“奇迹”

富安居董事会原由五人组成，董事会成员分别为陈小春、邹家钊、庞雪妮、何威逊和我。由于自2010年起，何威逊因病不能正常工作，并于2012年不幸病逝，故近十多年来，董事会成员实际上只有四人，陈小春任公司董事长，邹家钊任副董事长，庞雪妮和我为董事。这十多年来，这几位不动声色、不显山不露水的董事会成员做了哪些明智决策，创造了哪些“奇迹”？我梳理了一下，称得上“奇迹”的应是以下这几件大事。

（一）成功地将国内家居建材大鳄挡在南宁市外

据了解，截至2020年，国内家居建材大鳄红星美凯龙、居然之家，除首府南宁市外，其余城市全部入驻，全国海拔最高的西藏拉萨的顿珠商场也已于2020年9月21日开业。为什么这两家全国体量最大的家居建材连锁经营商不入驻南宁呢？是他们不看好南宁吗？非也，自2006年富安居开业开始，他们就一直虎视眈眈，想要进入南宁分一杯羹，吃一口肉。但直至2021年也没有进入。个中原因不得而知，我只往好的方面猜想，也许是富安居董事会将目前的富安居经营得太好了吧，好到连对手都找不到进入的机会。

（二）开业至今大型商场出租率、收租率几近 100%

国内的家居建材商场没能一家家进行调查其出租率、收租率，但面积 16 万平方米的富安居家居建材商场的出租率、收租率，我们是每年有调查的，可以说做到长期两个百分之百的商场几乎没有，这算不算商业奇迹呢？我想应该算。

（三）开业至今商铺经营权转让仍须有转让费

转让商铺产权发生转让费这是必然的，但转让经营权需要转让费，并且每平方米转让费有时最高达 1 万多元以上，就比较少见了。我记得富安居二期招商时，因为当时招商面积 5 万多平方米，而报名面积达 20 多万平方米，在供需矛盾无法找到较好的解决方案时，情急之下，董事会决定对经营权实行拍卖，这应该在全国家居建材行业开了个先例。这无疑也算是富安居董事会创造的奇迹之一。

（四）自 2011 年开始，富安居董事会成员实行轮值制

过去听说联合国安理会采用轮值主席国制度，近年来，也听说过国内企业华为实行过总裁轮值与董事长轮值制度。可富安居的董事会成员轮值制度从 2011 年便已开始，并实行至今，效果良好，这算不算创新？这一制度的创立，是全体董事会成员的集体决策，由我出任首轮轮值董事。至今已完成第二轮董事轮值的也是我。富安居董事会实行董事轮值的最初原因应该是：其一，董事值勤的必要性，即全体董事认为，商场完全由职业经理打理不是很合适，有些事情需要由董事出面协调解决；其二，所有董事除了富安居项目外都还有自己的事业，即还有自留地，不能由一人值勤。因此，董事会决定实行董事

（法人代表）轮值，每人轮值两年，每个董事轮值的同时配备一名监督董事，即重大问题由值勤董事与监督董事双批，以优化权力动作。

这一制度实施十多年来，我个人认为成效是良好的，制度是优越的。一是让每个值勤董事都有发挥其聪明才智的机会，有充分了解公司实情的机会。只要公司制度完善，公司的业务必然会持续稳定发展，不会因为值勤董事的个人因素出现大起大落。故此，我认为董事轮值制一定要坚持下去。二是有推广价值。这也算董事会创造的先例吧。

九、成就富安居奇迹的缘由分享

成就富安居奇迹的缘由，依我看，无非就六个字：天时、地利、人和。

（一）天时

翻看历史数据，我们不难发现，2005 年至 2011 年这几年国内生产总值年平均增长率在两位数以上（平均增长率为 10.78%），2007 年增长率竟然高达 14.2%。2012 年后，虽然中央明确表示，要把数量型增长转变成质量型增长，但从 2012 年至 2021 年，该 10 年的年均增长率仍然达到 8.1%（受疫情影响，2020 年为 2.2%）。这说明，我们当年直至现在赶上了一个国民经济高速增长的年代。此即天时。不是我们富安居有多牛，是我们的运气好。

（二）地利

大家应该都听说过，李嘉诚先生曾有一段关于房地产投资的名言，他说，房地产的价值第一是地段，第二是地段，第三还是地段。这句话，道出了房地产价值的真谛。那么对于商业地产来说，地段重不重要？我认为，也一样重要，只不过重要性比住宅楼稍低一点而已。富安居琅东店的地理位置好在哪里？不妨与各位分享一下，一是区位优势，富安居地处琅东新区，而琅东处于南宁市东面，是广西东南、东北各地市（包括来宾、柳州、桂林、玉林、贵港、梧州、贺州以及河池与钦州的一部分）进出南宁的门户，琅东新区也是南宁市及自治区经济、行政中心，以及富人居住区，而富安居距离南宁市东盟博览会展馆直线距离不超过 800 米，这样的区位在南宁是独一无二的。二是交通便捷度高。富安居地处快环内侧，门前有长湖路贯通。所以交通十分便捷，在南宁任一区域，只要不遇交通拥堵，到富安居车程都在 30 分钟以内。三是商业半径很合理，可满足南宁市全体市民就近购物需求。所以说，这是很重要的地利条件。这或许也是将红星美凯龙、居然之家挡在南宁市外的原因之一吧。因为我们占据了有利地形，他们已谋不到这样的地理位置。

（三）人和

说到人和，我想应包括三个层面的人和。第一层是股东（董事）的人和。富安居股东五人，其中四人来自广西北流，只有我是广东外地人。有时董事开会，一不小心就讲起北流话让人感到亲切。实际上，我们股东五人，虽然来自不同的社会领域，其中三人来自商界，一人为政界，而我可以说来自学界（一介书生），但各自互补性很强，相互间互相尊重，求同存异，从大家走到一起至今，极少有太大的利益冲突。可以说议事决策没有行使过否决权，基本能通过协商解决分歧。这是人和的第一层面。第二层面，就是商户的人和。入驻富安居商场的商户近600家，这些经营者，来自祖国大江南北，语言不同，生活习惯不同，但大家在富安居这个大家庭里，都能和睦相处，甚至可以说亲如一家。本来各位商户商业上是竞争对手，但私下又是朋友。你可以经常看到，某个老板的店面重装开业，宴请的宾客几乎都是同行业竞争者。这种情况，是不是富安居特有？我敢说，别的地方可能不多见。这就体现了富安居商户的人和。第三个层面，就是管理团队的人和。富安居的管理团队，可以说几乎清一色为富安居创建时的第一代人，他们忠于职守、勤奋工作，从不招惹是非，为富安居的发展奉献了青春与热血。

总而言之，富安居能取得今天的成果，得天时、地利、人和，缺一不可。这是富安居引以为豪之处，是富安居人的福气，这些都让我遇见了。

十、圆梦富安居

富贵、安康、安居乐业历来是人们追求的梦想。当年我给公司（商场）取名富安居，考虑的是为了与经营业态（家居建材）相符，便于宣传与运营。开业后，我给富安居商场设计的广告语为“好建材家居，尽在富安居”，这也完全是为了营销。事实证明，“富安居”这三个字用于家居建材商场的经营，以及“好建材家居，尽在富安居”用于广告宣传，可以说在全国家居建材卖场都是最合适不过的。而实际上，我给商场取名富安居，也寄托了包括我在内的全体投资人以及全体商户的梦想。这个梦想就是：富贵荣华，身体安康与安居乐业。这个梦想，我想我在富安居完全实现了（其他股东更是实现了）。我一个年近半百，揣一百来万下海创业的人，要不是遇见富安居，说不定在哪里就被海水呛死了，纵然不被呛死，也没有今天的成绩！是的，初涉商海的第一年，虽然也幸运地赚了点快钱，打下了点基础，但一直提心吊胆过日子，没有安全感，没有归属感，没有安居乐业之感，像无源之水，无本之木。但自从搭上富安居这艘航母，情形就大大地不一样。不只是有成就感，更重要的是通过近十年的努力，也实现了自己的财富自由、时间自由与生活自由。这些自由对多少人来说是件不容易的事，对我来说也是件可遇不可求的事，是件了不起的事。感恩富安居！感恩富安居的各位合作伙伴！感恩富安居的全体家人！让我在富安居圆了自己富贵、安康与安居乐业的人生梦想。

富安居的未来

一、富安居的战略规划

富安居开业至今已整整 16 年了，这些年来，我们一直按照先做强、后做大的战略，在规划着富安居的未来。总的想法是：扎根南宁，深耕广西，面向全国。

首先是要将根扎好，根深才能叶茂。要做百年企业（老店），我们迫切需要有自己的自营实体店，而这需要业主融通公司的大力全力支持。目前融通公司已将我们富安居列为其一级客户，这将会使我们享受到包括协议续租在内相应政策支持，这为我们持续经营打下了良好基础，但我们仍需加倍努力做好自己的功课，与融通公司共同谋划好富安居的未来，真正做到四赢：融通赢、富安居赢、富安居的商户赢、当地的社会经济赢。衷心希望我们这几位品牌创始人打造的富安居品牌，未来能够传承下去，并且结出更多硕果。其次是深耕广西，富安居作为广西区内家居建材龙头企业、第一品牌，在广西区内早已家喻户晓，深入人心。目前，我们在广西区内已发展了十余家品牌加盟店。但离我们的目标还有较大的差距，需要持续加力。

至于面向全国，就是把广西这片土地耕耘好之后的事了。当前的首要任务是扎好根，并在广西布好局，一步步往前走。

二、富安居的广西版图

富安居成规模的品牌输出始于 2017 年，为了便于运作，我们专门设立了一个广西富安居商务有限公司，将富安居品牌溢价事业交给年轻一代打理。在全体商务公司董事与员工的努力下，截至 2021 年底，我们已在广西区内发展连锁加盟店 16 家，其中开业运营的 12 家。为广西家居建材流通业的发展做出了积极贡献。富安居连锁加盟店如下（排名不分先后）：广西富安居玉林店、广西富安居北海店、广西富安居贺州店、广西富安居柳州店、广西富安居百色店、广西富安居北流店、广西富安居容县店、广西富安居博白店、广西富安居靖西店、广西富安居陆川店、广西富安居富川店、广西富安居岑溪店、广西富安居钦州店、广西富安居贵港店、广西富安居浦北店。

涉足机动车检测业

一、机动车检测行业概况

要介入机动车检测业就得对该行业有所了解。机动车检测业早已出现，在我国可追溯至民国时期。1949 年至 1982 年，我国所有机动车安全检测全依靠人工完成。1983 年，我国第一个机动车检测站在东北建成，过去的检测站都没有自己的检测规范标准，基本上是用哪个国家的设备，就用哪个国家的规范与标准。直至 1987 年，我国的车检法规和标准 GB 7258—1987 才出台。从 GB 7258—1987 到 GB 7258—1997 这段时期，我国所有的检测项目和指标，基本上从日本直接引进，如侧滑、制动、车速等。但在这一时期，我国机动车检测装备的国产化也已逐步完善。至 GB 7258—2004 发布，我国的机动车检测行业达到了日本乃至全球的平均发展水平。

机动车检测是为了行车安全，即为车主自己也为路人的安全，所以机动车安全检测是必要的，也是必须的，即属强制性措施。新中国成立以来，机动车检测都由国家机关，如交通部、公安部、国家质检总局或国营企业负责与完成。直至2014年4月29日，公安部、国家市场监督管理总局印发《关于加强和改进机动车检验工作的意见》，机动车检测行业才发生重大变化。根据该意见第三条："严格执行政府部门不准经办检验机构等企业的规定。要正确处理政府与市场的关系，全面推进检验机构社会化。"所有官办检测机构必须全部脱钩，全部实现社会化。这也是我能够进入检测业的政策环境与时机。

二、与朋友合作开设了两家机动车检测站

基于政府对机动车检测业民营化的放开及对机动车尤其是汽车的迅猛增长的预期，我感觉这或许也是一片小蓝海，因此我从2014年起，与朋友合伙连开了两家机动车检测站。第一家检测站设在河池市宜州区，我取名叫广西宜州天健机动车检测有限公司；第二家开在广西桂平，我取名为桂平荣丰机动车检测有限公司。为什么取名天健、荣丰呢？主要是考虑到我与合作伙伴，一个名叫叶健，一个名叫欧培荣，故两个检测站分别用了两个人的名字。因为机动车检测增加了尾气检测，这就是为了天更蓝，故用天健做检测站名。荣丰则希望该检测站生意兴隆，年年丰收。这应该是我取的第七、第八个公司名称了。两公司（两站）共投入建设资金近2000万元，共提供近60人的就业岗位，为方便群众检测车辆与增加就业岗位，也做出了一点点贡献。

涉足广告传媒业

广告业是指通过广告创意策划、设计、制作、展示、发布、检测、管理、调查、媒体营运、品牌代理等方式，获取利润的产业门类。而所谓“广告”，则是指为了商业或其他目的而做的付费信息发布。

广告业是现代化服务业和文化产业的重要组成部分，其在塑造品牌、展示形象、推动创新、促进发展、引导消费、拉动内需、传播先进文化、构建和谐社会等方面发挥着积极作用。

而广告的产业主体，大体包括广告公司、广播电视、报纸、杂志、互联网等大众传播机构的广告经营部分，以及以各种公共场所、交通工具为媒介发布的广告（注：此类广告一般称为户外广告）的经营机构。

大众媒体正是因为有了广告，才能经营稳定。据资料显示，中国电视台对广告收入的依赖度占70%，报纸对广告的依赖度占85%以上。

由于富安居树立企业形象与开展产品促销的需要，我对广告传媒行业有一定接触和了解，对其盈利模式也略知一二。故此，在南宁市地铁一号线投入运营，南宁轨道运营公司对地铁广告资源进行招标时，受朋友邀请，我入股参加了投标，结果中标了，就这样，我无意中又跨入了一个原先有点看好的行业——广告传媒业。

这次的合作伙伴就较为复杂了，既有南宁市广告行业的元老，也有该行业的新秀，投资人的结构五花八门。与每次涉足新行业均需组建新公司一样，这次组建新公司又得取名，这次投资人还是一致要求我给公司取名。我义不容辞，倚老卖老，又干起了给公司取名之事。我结合行业特点——年轻人去干快乐的事业——给公司取名乐达。现在南宁地铁一号线、三号线或户外广告上出现的乐达传媒，可以说是我给公司取名的收山之作。南宁地铁截至2021年底，已开通了五条线路，这五条线路的地铁广告我曾投资入股了一号线、二号线、三号线。但由于各种原因，至今我只保留二号线投资人的身份，一号线、三号线股份我均已转让。退出一号线、三号线的原因，主要是当今的广告媒介基本上给手机夺走了、垄断了，即顾客的引流大多转移至手机上了。什么电视、报媒、户外广告等都成了明日黄花。这是始料不及之事，但该行业项目投资的回报率，高于社会平均投资利润率。更重要的是，除了经济效益，也为提供数十人的就业机会做出了自己的一点贡献。

从2004年下海，踏上商业旅途，至今已走过18个春秋，这段人生经历，虽然充满挑战，布满险峻，几度曲折，几度失望，但与高教岁月、银行年华相比，我更热爱与珍视这段充满挑战的商旅时光。它让我的才情在此得以尽情施展，它让我实现人生价值与梦想。这是一段终生难忘的时光。

第六辑 诗书寻梦

从乡村蓄梦，到省城追梦，再到高校、银行、民企圆梦，一路走来，我不知疲倦，也不能疲倦。筑梦，需要的是魄力、胆量与勇气；追梦，需要的是执着与坚韧；圆梦则需要几分艰辛与幸运；而寻梦则完全基于你的情怀与修炼。本章想要述说的是诗书寻梦。有朋友说，我的诗书寻梦，又是在实践人生的第四次跨界，但愿能如愿踏进诗书殿堂，寻回儿时那一丝丝梦想。

诗心萌动

一、我的第一首小诗

时光回到 2012 年 5 月，当年中国建材流通协会的高峰论坛在广西南宁富安居举行（富安居承办），出席本次高峰论坛的领导嘉宾清一色为我国家居建材行业的领军人物，其中就有中国建材流通协会会长孟国强、北京集美家居建材集团董事长赵建国、天津环渤海家居建材集团董事长李庆云。李庆云先生还带来了他的《探路者》一书，一本关于我国家居建材业的新书，在论坛上签名首发。会后，这三位领导嘉宾顺道到邻国越南走访，返回到南宁后，赵建国董事长将在旅行途中写的诗歌、诗词与我们分享。受到赵董事长的感染，我也壮着胆回赠了一首小诗，我把孟国强、赵建国与李庆云三人的名字及富安居的名称都镶进了诗里，大家读后，第一印象还不错，都称赞联想丰富。那不过是一首打油诗，不符合七绝的规则和要求，平仄、押韵都不符合。说实话，真是无知者无畏，后来经过学习，我才懂七绝格律的平仄押韵要求。而七绝格律诗，除了讲究平仄、押韵，还需要满足对仗的要求，对仗则是律诗的难点。但不管如何，就是因为这首小诗，让我的诗心萌动起来。

二、恶补诗、词基础知识

为了补习诗、词基础知识，我先是拜读了陈桂萱老师赠送的王力所著《诗词格律》一书，然后又购来龙榆生的《唐宋词格律》。

（一）诗与词是什么，它们之间有什么区别

由于没有专门研习中国诗词知识，仅仅在初中、高中阶段的语文课上读过一点点唐诗宋词，我对诗词基础知识很是欠缺。如果要写点小诗的话，我需要好好补上这一课。通过学习才知道，诗是什么，词是什么，诗与词的区别在哪里。

1. 诗是什么？

诗，又称诗歌，是一种用高度凝练的语言，形象表达作者丰富情感，集中反映社会生活并具有一定节奏和韵律的文学载体。诗是一种阐述人们心灵的文学载体，而诗人则需要掌握成熟的文艺技巧，并按照一定的音节、声调和韵律的要求，用凝练的语言、充沛的情感以及丰富的意象来高度集中地表现社会生活与人类精神世界。

诗乃文学之祖、艺术之根。我们的祖先原始人类对许许多多的自然现象，如风、雨、雷、电等无法理解，于是把这一切通通归于神明。出于敬畏，原始人通过唱歌跳舞来对神明歌颂，表达出人类的期望——风调雨顺，以期获得丰收等，这便是诗的起源。

除此之外诗还源于宗教与劳动，原始人一边劳动一边发出单纯而又有节奏的呼叫，以忘却劳动带来的辛苦，振奋精神、协调动作。渐渐地，这种单纯而有节奏的呼叫发展成为模仿劳动本身的声音和表达劳动本身情感的诗歌。进一步说，诗还是诗人对现实观念或世俗理念的不认同而感发的愤怒和不满，所以，无论是离骚体、古诗体、近体诗还是现代诗，都不过是诗的一种形式。诗的最大优美之处，就在于它是在人类历史的高度来闪现出诗的时代光环。

诗也并不只在诗里，抒情美是一切文学样式与艺术类型的共同因素。因此，诗是一种普遍的艺术，甚至是超出艺术疆界的艺术。

诗的本质的特征是抒情美。无论是小说、散文、戏剧，最优美之处，无不闪现出诗的光环来。因而诗又是文学中的文学。在艺术领域中，诗无处不在。诗美是艺术美的普遍因素的最高体现。诗歌的美也不时出现在非文学艺术的领域中，在科学著作的精美片段中也散发出智慧光彩，甚而在人的生活状态、工作状态中也都有诗的踪影。

诗，生存于人类的文化传统中。我们对于“诗”“抒情”“美”这样的字眼，总是保持着崇高敬意。人类不仅具有抒情的能力，而且具有抒情的需要。这样抒情诗就不仅是个美学的问题，而且是一个具有存在论性质的问题，抒情态度成为人类的一种生存范畴。随着文明程度的发展、社会分工的产生，出现了专司诗歌的诗人。诗人与非诗人的分野便产生了。

诗学关于诗，就像美学关于美一样，很难有一个公认的定义。诗之所以难以定义，是因为诗属于精神世界，太缥缈了。而且诗又有广义诗与狭义诗之分。当诗的广义与狭义搅在一起时，“什么是诗”或“诗是什么”就显得更纷繁复杂了。海德格尔就不满于“把诗归入文学”，对“诗”必须在文学之中谋得其存在形式“不以为然”。这不免是偏颇之论。诗是一种语言艺术，它当然属于文学。文学包括诗、散文和小说等，这是不容置疑的。不过这里所说到的诗，也就是狭义的诗。而广义的诗，就不再属于文学了，不再是文学的一个分支和组成部分了。学术界将诗分为广义的诗与狭义的诗，诗的定义就自然明晰了。

2. 广义的诗与狭义的诗

广义的诗，是一切艺术（包括作为语言艺术的文学）的统称。是自然美、艺术美与人生美的代名词，是人类观照世界的一种方式，是人的灵魂逃出现实后的栖息方式。作为艺术的通称，可以说一切艺术都是诗。音乐是在时间坐标上流动的诗，绘画、雕塑是二维或三维空间里的具象的诗，建筑是对空间格式化的诗，舞蹈是人的形体语言在时间和空间一同展开的诗，散文、小说是无韵的诗。作为自然美的代名词，蓝天白云是诗，山水田园是诗，莺歌燕舞是诗，桃红柳绿是诗，海上明月是诗，大漠孤烟是诗，枯藤老树昏鸦是诗，小桥流水人家是诗，东西南北是诗，春夏秋冬是诗，天籁是诗，人体也是诗。作为艺术美的代名词，旋律是诗，色彩是诗，线条是诗，结构是诗，雄浑激越是诗，轻灵优雅是诗，壮丽崇高是诗，恬静闲适也是诗。作为人生美的代名词，青春是诗，爱情是诗，事业是诗，理想是诗，天真是诗，智慧是诗，守望是诗，漂泊是诗……一切美好的东西都可以用诗来形容：诗一般的风景，诗一般的国度，诗一般的语言，诗一般的年华，诗一般的时代。诗的意义还在于，它是人类观照世界的基本方式之一。人类观照世界的方式，被普遍认为有两种，即科学的方式与诗的方式，科学是反映现实世界各种现象的本质规律的分科的知识体系。但科学并不等于一切真理，甚至不等于真理。因为科学并不总是正确的，科学有自己的局限性，许多真理、许多价值是在科学之外的。而科学之外，人们抵达真理的方式就只有诗的方式。诗是人类对世界的一种超越科学实证的美妙的、幻想的、直觉的把握。

作为人类的精神家园，作为人类的一种寄托和栖息的方式，诗与宗教相通。而宗教作为灵魂的慰藉，是如此不可靠。在科学如此昌明的今天，上帝存在与否早已成为疑问。世人需要解决的是，待“上帝”死了以后，还能有一种方式诗化人生。是的，寻求世界和人生的最高真谛，终极真理，是人类灵魂的需求。上帝或许会死，但诗神永远不会死。上帝死了之后，诗神更加任重道远，这是诗的本质。

狭义的诗，就是从巴比伦英雄史诗《吉尔伽美什》以来，尤其是中国的《诗经》和古希腊的《荷马史诗》以来，几千年一直被创作、传播和鉴赏着的，在中国近代以前一直被奉为文学正宗的那种文体。关于狭义的诗，它的定义，古今中外也是众说纷纭，莫衷一是。商务印书馆 1928 年出版的杨鸿烈的《中国诗学大纲》曾列举了中国古今关于诗的定义达四十种。美国诗人卡尔·桑德堡的《诗的定义（初形）试拟》则列举了三十八种。实际上，古往今来的诗人和学者关于诗的定义肯定还不止这些。《毛诗序》说："诗者，志之所之也。在心为志，发言为诗。"严羽《沧浪诗话》说："诗者，吟咏情性也。"张舜民《跋百之诗画》中说："诗是无形画，画是有形诗。"姜夔《白石道人诗说》以为"守法度曰诗"。章太炎《答曹聚仁论白话诗》更以为："以广义言，凡有韵者，皆诗之流。"古希腊诗人西蒙尼德说："诗是有声画，画是无声诗。"但丁《论俗语》说："诗不是别的，而是写得合乎韵律、讲究修辞的虚构故事。"薄伽丘《异教诸神谱系》说："'诗'源于一个很古老的希腊语词 Poetes，它的意义是拉丁语中所谓的精致的讲话。""诗是一门实践的艺术，它发源于上帝的胸怀。"雪莱《诗辩》说："诗是最快乐最良善的心灵中最快乐最良善心灵中的瞬间之记录。"华兹华斯《〈抒情歌谣集〉序言》说："诗是一切知识的精华，它是整个科学面部的强烈表情。"柯勒律治说："诗是最佳词语的最佳排列。"别林斯基《诗歌的分类和分科》说："诗歌是最高的艺术体裁。……诗歌用流畅的人类语言来表达。这语言既是音响，又是图画，又是明确的、清楚说出的概念。因此，诗歌包含着其他艺术的一切因素，仿佛把其他艺术分别拥有的各种手段都必备于一身了。诗歌是艺术的整体，是艺术的全部机构，它网罗艺术的一切方向，把艺术的一切差别清楚而且明确地包含在自身之内。"艾略特《诗歌的作用》说："诗歌是生命意识的最高点，具有伟大的生命力和对生命的最敏锐的感觉。"关于诗是什么。各家所言，各有独到和精辟之处：强调诗乃"志之所之""吟咏性情""生命意识"，着眼于诗的内容；强调诗乃"无形画""有声画""既是音响，又是图画"，着眼于诗的意象特征；强调诗乃"法度"，乃"精致的讲话"，乃"最佳词语的最佳排列”，或索性以押韵为诗，着眼于诗的形式；强调诗“发源于上帝的胸怀”“一切知识的精华”“科学面部的表情”“最高的艺术体裁”，则着眼于诗的本质。就算是盲人摸象吧，许多“盲人”各执一词的“摸象”结论之和，也与“全象”相去不远了。

不同流派对诗的定义也不同。现实主义诗学认为：诗是现实生活在诗人心中的反映。只有现实生活，才是诗及一切艺术的源泉。诗人是生活的歌手，诗是对生活的歌唱。浪漫主义诗学认为：诗人是情种，诗人心中的情感投射给世界，世间万事万物就会为之诗化。所以，诗应该是诗人的自我表现，是诗人情怀的直抒，是诗人的心灵对理想世界的呼唤。形式主义诗学认为：诗只是有意味的语言艺术形式。任何一种内容只有经过形式化才能成为艺术。形式并不屈从于内容，诗人对美的追求，趋向于形式的自主创造。形式的自主品质，意味着诗人有批判社会现实、开拓美的世界的自主权利，在极端的形式主义诗学看来，诗只是一种语言工艺。心理分析主义诗学认为：作诗犹如做梦，诗就是诗人的“白日梦”。常人做梦，是人的本能情欲等在社会道德和人的理性意识压抑下得不到满足，转移到梦中去发泄。诗人作诗，是把他在现实世界无法满足的本能情欲等，转移到幻想的世界中去加以宣泄。二者的不同之处在于，诗有一个可供审美欣赏的艺术形式，这种艺术形式是诗把本能情欲加以美化的伪装（在这个意义上，“爱情诗是男人炫耀他的艳遇”的说法，就不纯粹是调侃）。同时，将情欲转移到艺术世界，也是对本能情欲的升华。而二者的相同之处在于，作诗与做梦都是不用逻辑思维而用形象思维的精神活动。各种流派关于诗的定义，各有侧重，各有其偏激和深刻之处。

3. 词是什么?

词是诗的别体，由近体诗演化而来，广义地说，词是诗的一种。这种文学形式萌芽于南朝，隋唐时兴起。到了宋代，经过长期不断的发展，进入到词的全盛时期。词最初称为“曲词”或者“曲子词”，别称有近体乐府、长短句、词子、曲词、乐章、琴趣、诗余等。它是配合宴乐乐曲而填写的歌诗（即为用歌配合唱出的诗）。词牌是词的调子的名称，不同的词牌在总句数、句数、每句字数、平仄上都有规定，并在固定地方押韵。

4. “诗”与“词”的区别

总的来说，诗与词的区别有：理解难度的区别、形式方面的差别、语言风格的不同、题目方面的不同、和音乐的关系方面的差别。

（1）理解难度的区别

在很多诗中，经常因用到典故，有时候想要彻底理解诗的内容，需要查阅好几个典故才能做到。但是词是一种简单易懂的表达方式，只要懂得其中词语的意思，就能够明白整首词的感情，基本不用去查任何的典故和资料。

（2）形式方面的差别

诗的形式总是固定的，大致分为三类，即绝句、律诗和古体诗。这三类的区别就在于绝句是全诗四句、律诗八句，其他句数就是古体诗。但是，现代词的形式是不一样的，它没有固定的句式，每句也不要求字数有多少（但相同词牌名的词字数则须相同）。

（3）语言风格的不同

诗显得庄重，词显得妩媚。“诗言志”，诗多以国家兴亡、民生疾苦、胸怀抱负、宦海浮沉为主。而“词言情”，词则多为写男女爱情、相思离别和生活中的喜怒哀乐。

（4）题目方面的不同

诗是自由取题目的，而词必须有词牌名。我们常看到的“忆江南”其实是词的词牌名，常见的词牌名有“渔歌子”“满江红”“水调歌头”“沁园春”等。

（5）和音乐的关系方面的差别

中国古代把不合乐的叫“诗”，合乐的叫“歌”，统称为诗歌。但是诗最终与音乐分离，而词是在音乐的土壤中萌芽产生的，所以音乐是词的基本特征。

（二）古体诗与近体诗

1. 古体诗

古体诗是与近体诗相对而言的诗体。它是近体诗形成前，除楚辞外的各种汉族诗歌体裁的统称，也称古诗、古风。古体诗格律自由，不拘对仗、平仄，押韵较宽，篇幅长短不限，唐人乐府诗多不合乐。古体诗在发展过程中与近体诗有交互关系，南北朝后期出现了讲求声律、对偶，但尚未形成完整的格律，介乎古体、近体之间的新体诗。唐代一部分古诗有格律化倾向，乃至古体作品中常融入近体句式。但也有些古诗作者有意识与近体相区别，多用拗句，间或散文来避律。

2. 近体诗

近体诗，又称今体诗、格律诗，是一种讲究平仄、对仗和押韵的汉族诗歌体裁。是指唐初之后，形成的又一诗歌体裁，为有别于古体诗词而有近体诗之名。是唐代形成的律诗和绝句的统称。

近体诗著名的代表诗人有李白、杜甫、李商隐、陆游等。他们在中国诗歌发展史上有着重要的地位，对于历史文化的研究，也做出了卓越贡献。近体诗这一叫法，在中国明代就已经非常流行。例如名人董其昌《袁伯应诗集序》:“今秋，伯应（袁可立子袁枢）自睢阳寄近体诗一帙，亦以重九至，且属余序。”

经过几年的学习与实践，我慢慢掌握了诗词的一些基础知识，但中国诗词文化博大精深，探索过程将永远在路上。

诗兴勃发

从2012年5月第一首小诗萌芽，到2022年5月，据不完全统计，我创作的诗词（诗歌）70余首（其中发表30余首），内容涉及广泛，主要可分为诗与祖国、诗与远方、诗与企业、诗与友情（亲情）四个层面。本书收入40首，以作分享。

一、诗与祖国

1. 七律·颂党恩

——庆祝中国共产党成立100周年

立党红船十秩秋，
精神光灿耀全球。
披肝沥胆谋国强，
碧血丹心解民忧。

自力更生创基业，
改革开放竞风流。
百年夙愿今朝现，
复兴征程永不休。

2021 年七一前夕写于南宁

▲南湖红船照片

2. 七律 · 百色行
——“不忘初心、牢记使命”主题教育行

兵起右江九秩秋，
壮儿义举气长留。
殊勋茂绩高山仰，
峻节高风万代修。
河谷山川换新貌，
红军故里数风流。

不忘初心紧跟党，
美好生活赛九州。

2019 年 10 月 22 日写于百色

▲“不忘初心、牢记使命”赴百色革命老区参观学习合影

3. 散文诗 · 延安颂

怀着无比崇敬之情，
带着秋天的问候，
我们来了，
来到了心驰神往的延安。

没能赶在救亡图存的 1935 年到达，
没能赶在热血青年奔涌的 1938 年到来，
1969 年的知青插队也错过了，
延安，我们来晚了。

延安，你是一方福地，
单看你的地名，
就充满着吉祥与希望，
你让极度脆弱的共产党人在此得以生息、得以延安！

你是革命的圣地，
你滋养了一代共产党领袖，
你孕育的“延安精神”，
是指引中国革命走向胜利的宝贵财富。

你是革命的熔炉，
你铸就的革命英雄主义与自力更生、艰苦奋斗精神，
实事求是、为人民服务的作风，
是革命胜利的精神动力。

▲“寻红色足迹，铸革命信仰”活动　延安革命纪念馆留影

你是革命的大本营根据地，
西安事变在此得以化解，
抗日统一战线在此得以形成，
军民缺吃少穿在此得以改善。

你是革命的灯塔，
窑洞里长夜不熄的灯光，
照亮了黑暗中的中华民族，
也照亮了共产主义前进的方向。

你是一座丰碑，
你为中国革命做出的巨大牺牲，
为革命成功做出的不可磨灭的贡献，
永远铭刻在国人心中。

延安，今日的延安，
你早已今非昔比，
历经几代领袖的关怀与建设，
你已是一座闻名世界的现代之城！

▲“寻红色足迹，铸革命信仰”活动 延安王家坪合影

啊，是伟大的中国共产党，
带领灾难深重的中国走上国家独立民族解放之路，
是伟大的中国共产党，领导人民开启改革开放走上富强之路。
感恩党，感恩新时代！

我们祝福祖国，

▲《周恩来回延安》观影教育会合影

明天更加繁荣富强!
我们祝福延安,
明天更加美好幸福!

2020 年 9 月 25 日写于延安

4. 七律 ·《周恩来回延安》观后感

旷世英才念恩来,
救国救世大情怀。
南昌枪响惊天地,
遵义危局保帅才。
历险西安谋抗日,
运筹解放把国开。
呕心沥血尽忠义,
伟大精神似翠苔。

2019 年 5 月 16 日写于南宁

5. 自由诗·颂邓公

深圳莲花山，
邓公在远望。
春天画个圈，
秋收千万担。
弹指四十载，
早换了人间。
昔日小渔村，
今成世界范。

2017 年 10 月写于深圳

6. 七律·登井冈山

革命摇篮井冈山，
红军队伍铁军班。
风餐露宿多艰苦，
粮短衣缺一扁担。
历尽艰辛为国泰，
饱经忧患替民安。
今时强大感恩党，
万里征程再远帆。

▲"追忆党史，锤炼党性"赴江西井冈山学习考察合影

2019 年 4 月 17 日写于井冈山

7. 七律·庆援边三十五周年

全国学子共援边，
西大三十五载前。
杧果树旁结友谊，
碧云湖畔写新篇。
离群别队心难舍，
海角天涯情永连。
喜庆团圆共分享，
担当使命到明天。

▲广西大学校门照片

2017年10月5日写于广西大学

二、诗与远方

1. 五律·西欧行

才游大西北，
又寻小西欧。
万里欧亚路，
我自独漫步。
德法环境美，
国强民亦富。
昔日古罗马，

▲西欧行　意大利罗马留影

尽在断壁处。

2017 年 9 月写于意大利

2. 七绝 · 游塞纳河

西欧大国法兰西，
曾经辉煌数世纪。
塞纳河畔古迹多，
再度风光待重起。

▲西欧行　法国巴黎留影

2017 年 9 月 27 日写于法国巴黎

3. 七绝 · 新西兰行

南下岛国纽西兰，
秋高气爽叶正黄。
探幽揽胜驱千里，
访友问亲情更长。

▲澳洲行　新西兰留影

2017 年 6 月 14 日写于新西兰北岛

4. 七绝 · 重游东岳

重游齐鲁乐开花，

情满东西[①]似一家。
五岳独尊非自大，
商场独大不容夸。

2017年6月18日写于山东济南

▲重游东岳留影

5. 七绝·登西岳

气朗秋高登西岳，
三峰征战我能捷。
登高一览众山丽，
峻秀雄奇神斧切。

2020年9月23日写于华山

▲登西岳留影

6. 七绝·上北岳

巍峨北岳尽苍茫，
千里边塞古战场。
天峰翠屏[②]相对峙，
山雄地险赛西藏。

2020年9月27日写于恒山

---

① 东西即山东、广西。

② 天峰、翠屏为恒山两大主峰。

▲富安居领导携商家代表登北岳恒山合影

7. 七绝·登寿岳

秋雨蒙蒙登寿岳，
祈福赏景跑不迭。
欢歌笑语乐盈地，
信女善男赛蝴蝶。

2020 年 10 月 20 日写于南岳衡山

▲富安居董事登衡山合影

8. 沁园春·西北行

兰州中秋，阴雨连绵，白塔山腰。
看黄河东去，风筝满目。
游船点点，行客如潮。
歌舞升平，盛世热浪，欲与祁连试比高。
未吟罢，问陇中胜景，其右能描？
又来青海游遨，看古迹追思古绢绸 。
恰一带一路，风头正旺。
青海湖畔，茶卡城郊。
玉门关前，莫高窟里，西北风情尽妖娆。
看寰宇，数哪方壮阔？
唯大西郊。

▲与豆义全于嘉峪关合影

2017 年 8 月 28 日写于甘肃兰州

9. 七律·重庆行

庚子伏天访渝州，
昔日火炉似离休。
洪崖洞景不见洞[1]，
磁器口街磁器收。
重庆火锅传四海，

▲重庆两江影视城留影

① 洪崖洞不见洞，铁板巷不见铁板，重庆地名的一大特色。

巴渝文化有源头。
红岩精神永牢记，
今日山城冠九州。

2020 年 7 月 29 日写于重庆

三、诗与企业

1. 七绝 · 庆祝富安居开业十周年

▲富安居开业十周年庆典股东与中国建材流通协会会长孟国强（中）合影

富民安居庆十年，
商家客户喜连连。
国庆店庆共欢庆，
百战百胜永向前。

2016 年 10 月 1 日写于广西南宁

2. 七绝 · 喜庆双节

国庆中秋二节连，
万户千家庆团圆。
安居乐业人欢喜，
太平盛世日子甜。

2017 年国庆、中秋节写于南宁

3. 七绝·喜迎富安居开业十五周年

乐业安居十五载，
喜逢店庆抱金牛。
诚信为本赢天下，
生意兴隆创一流。

2021年9月12日写于南宁富安居

▲富安居15周年活动落地抽奖现场剪影

4. 从头越

丙戌戊戌一轮回，
笑傲商海几回醉。
而今再度从头越，
团结拼搏不惧谁。

2018年7月27日写于挪威

▲富安居股东北欧行合影

5. 七律 · 千人环湖跑有感

▲富安居千人环湖跑活动剪影

千人仲夏环湖跑，
富安居人热忱高。
协力聚心奔愿景，
强身健体架金桥。
初心不改朝前走，
使命服膺当任劳。
锻炼不息身体好，
建材家具领风骚。

2019 年 6 月 22 日写于南宁南湖

6. 七绝 · 大容山论道

众将汇聚大容山，
问计娱游山水间。
篝火欢歌辞旧岁，
征程万里再扬帆。

2019 年 12 月 26 日写于大容山

▲“锐意进取 · 更上一层”富安居中高层大容山论道合影

7. 七律・献爱心

疫病无情人有情，
复产抗疫往前行。
减租助力惠千户，
捐款支援救万灵。
商户争先筹善款，
员工奋勇当新星。
无疆大爱献荆楚，
众志成城必定赢。

▲抗大疫　富安居爱心捐款合影

2020 年 2 月 2 日写于南宁

8. 七律・庆凯旋

抗疫军民凯旋中，
鲜花热泪献英雄。
同心勠力降魔疫，
众志成城善始终。
伟大民族摧不垮，
光荣城市立新功。
阴霾散去春光好，
壮丽河山一片红。

▲庆凯旋　喜迎抗疫英雄归来

2020 年 3 月 20 日写于南宁

9. 七律·云南行

戊戌初夏访得胜[①]，
不忘初心当鼓劲。
顺道寻访云美景，
欢歌笑语一路情。
拉市海畔叙故旧，
茶马古道听驼铃。
玉龙山顶竞风流，
泸沽湖里泛歌声。

2018 年 5 月 19 日写于云贵高原

10. 七律·访学欧业达

北上访学欧亚达[②]，
建材翘楚众人夸。
雄居华夏面欧亚，
尝胆江城育百花[③]。
四海盟员皆兄弟，

① 得胜即云南得胜家居集团。

② 欧亚达即武汉欧亚达控股集团有限公司。

③ 育百花即指欧亚达经过多年的努力，现已发展成为拥有近百家连锁商场的企业。

▲访学欧亚达　与富安居商家代表学习考察欧亚达家居合影

广湖劲旅是一家。
谈经论道谋发展，
砥砺前行振中华。

2019 年 4 月 12 日写于武汉

11. 七律・重访大明宫

华商翘楚大明宫①，
力盖三秦独自红。
细作深耕盈硕果，
创新拓土建奇功。
战盟劲旅多才智，
两西②强龙贵为雄。
使命服膺行致远，

---

① 大明宫为陕西西安家居建材知名品牌商场。

② 两西指陕西、广西。

▲重访大明宫　与富安居商家代表学习考察大明宫合影

并肩尝胆再开弓。

2020 年 9 月 21 日写于陕西西安大明宫

12. 七律 · 访学三晋

岁值庚子访三晋，
千里之行省远亲。
黎氏阁[①]中温故旧，
富安居外觅知音。
两西兄弟情相伴，
互勉互学价万金。
发展生存当远虑，
业兴财旺赖三军。

▲访学三晋　与富安居商家代表参观黎氏阁合影

2020 年 9 月 26 日写于山西太原

① 黎氏阁为山西太原本土家居建材强势品牌。

四、诗与友情

1. 赞七绝·京津三友

国强民富话安居，
建国建材两相依。
庆云化雨润华夏，
京津三友[①] 有真知。

▲ 2012 年全国建材家居高峰论坛富安居峰会合影

2012 年 5 月 10 日写于南宁

2. 致青平学子

穷乡僻壤我青平，
欲改命运当靠拼。
青平学子齐努力，
敢教青平不清贫。

▲青平学子入学 40 周年聚会合影

2017 年 9 月 20 日写于广东湛江青平

① 京津三友为孟国强、赵建国、李庆云（孟国强：中国建材流通协会会长。赵建国：北京集美家居建材集团董事长。李庆云：天津环渤海家居建材集团董事长。2012 年 5 月 10 日，李庆云在广西南宁富安居举行的高峰论坛上推出家居行业《探路者》一书，对指导全国家居建材的发展具有一定的指导作用）。

3. 七律·写给大学毕业 35 周年的同学

日不移晷三十五，
万丈豪情志如初。
利禄功名身外品，
健康快乐自家福。
游学传道献余热，
立说著书金满屋。
日过中天当自重，
幸福老去不糊涂。

2017 年 8 月 15 日写于南宁

▲华南农业大学校门照片

4. 七律·庆入学四十周年团聚

▲华农七八届机化 3 班同学聚会合影

羊城求智四十载，
岁月如烟头已白。
海角天涯奔事业，
天南地北创平台。
今时鹅城庆团聚，
昔日同窗喜事来。

午后时光无限好，
人生段段必心开。

2018年7月1日写于惠州

5. 七律·入学四十周年聚会有感

军港湛江美如画，
钟灵毓秀是吾家。
改革开放国昌盛，
进取拼搏民富达。
一代学人心向党，
历朝师表振中华。
星移斗转四十载，
抖擞精神再进发。

▲大学入学40周年湛江聚会合影

2018年9月10日教师节写于港城湛江

6. 七律·致莘莘学子

▲高考学子

冬雷一声普天告，
万马千军重高考。
躲进教室恶补习，
金榜题名好辛劳。
岁月如梭四十载，

回首当年尚自豪。
功成名就该歇了，
太平盛世当安好。

2018 年 7 月 18 日写于南宁

7. 七律 · 故乡颂

半岛雷州吾故乡，
富庶安宁镇海疆。
沃土肥泽瓜果硕，
阳光和煦百花香。
九洲江畔民营富，
港岛岸边国企强。
南海军民齐奋斗，
建成美好大湛江。

▲故乡行　青平学子湛江合影

2019 年 8 月 22 日写于湛江

8. 七律 · 迎乐平书友

▲迎张乐平书友交流学习留影

戊戌畅月迎宾客，
传经送宝喜收获。
笑谈人生天地宽，
诗书军旅好壮阔。

驾机研医多才情，
著书立说更渊博。
相见不晚共展望，
互道珍重这一刻。

2018年12月31日写于南宁富安居

9. 七绝・忆灌阳行

千里之行[①]探梦翁[②]，
有缘相聚千家峒[③]。
灌阳美景令人醉，
今日邕城喜重逢。

2021年9月10日写于南宁

▲桂北行　与灌阳县原副县长刘梦翁留影

10. 七律・贺友人王祥伟广西中国草书艺术馆落成河海集团

草书国馆落河海，
百桂书坛花盛开。
不负韶华追梦想，

① 千里之行，即南宁到灌阳500多公里。
② 梦翁，即刘梦翁，时年（辛丑）任广西灌阳县常委、副县长。
③ 千家峒为灌阳县4A级景区。

▲广西书法院韦克义院长颁发证书合影

永怀使命上高台。
深耕厚种[①]成王业，
绩伟人祥[②]铸金牌。
艺海无涯舟自远，
博通今古必英才。

2021年12月写于南宁

11. 七绝·和卢邵兄弟

旧日兄弟聚一堂，
喝点小酒聊家常。
杧果树下[③]相聚短，
天各一方情义长。

2019年7月写于广西南宁

▲与广西大学前同事聚会合影

---

① 王厚祥为中国书法家协会理事、广西中国草书艺术馆馆长。

② 王祥伟为广西河海集团董事长、广西中国草书艺术馆执行馆长。

③ “杧果树下”为当年一群青春年少学子相遇相聚的地方，后来以此为这群学人的微信群名。

12. 七绝・为杨朝勤师弟35年后重游故地在邕诸公欢聚赋诗一首

杌果飘香忆旧时，
荷塘侧畔话分离。
邕城众杰重开宴，
只为杨郎去复垂。

2019年7月写于广西大学

我的书法情结

一、把硬笔字写好是我骨子里的追求

小时候，由于条件所限，不能像城里的孩子那样去上这个书法班、那个油画班，但不知何故，我从小对写好字情有独钟。很幸运，小学阶段的语文老师王永余老师是个从旧社会私塾走来的老师，特别注重板书（做老师的，先把字写好）。这给了我深远的影响，以至于当我当上民办教师、大学教师后，我也一样注重将黑板字写好。为了把字（主要指硬笔字）写好，一方面我遇到结体漂亮的字特别留意，并用心去默记；另一方面，20 世纪 80 年代当《庞中华钢笔字帖》出现后，我也临过一段时间，为写好字打下了一定的基础。或许正是硬笔字写得凑合，在大学工作的 11 年里，系里的黑板报我基本上都给包办了。在工行工作的十余年，虽然不用出黑板报，但我个人书写的贷款评估报告都是最受打字员欢迎的。

正是从小养成写好字的习惯，这一优良传统也传到了我女儿身上，她的硬笔字也很秀美。

二、写毛笔字的想法由来已久

最早对毛笔字留有的印记应是来自“大字报”。20 世纪 60 年代，我年纪尚小，不知道社会变动，但对“大字报”印象深刻。因为它是用毛笔在报纸或红纸白纸上写的，当时感觉很好玩，第一次知道用毛笔能写出如此五颜六色的字。从心底里想，今后也要学写毛笔字。

到 20 世纪 80 年代，还在广西农学院任教的时候，出于工作需要，我也曾经萌生过练练毛笔字的想法，因为每年都要参加院工会的板报比赛，如果我能写好毛笔字，我就不用找人代写；再有受当年《南宁晚报》《南国早报》经常刊登南宁著名书法家，如甘祥梦、黄云、周榕林、李雁、陈政等书法作品的感染，想着要是有朝一日，自己也能写点毛笔字该有多好，哪怕自我欣赏也行。但由于当年教学、科研任务繁重，我实在抽不出空，只好暂时放弃，唯留梦想。

时光走到 20 世纪 90 年代，我已调入工行广西区分行工作了。大约 1997 年，区工行信息咨询部主要领导快要退休时，他将原来部里存放的一些书籍进行清理，意欲将一些旧图书卖掉。这其中就包括不少书法工具书，如《书法字海》《中国书法大辞典》《三希堂法帖》等。看到这些书法工具书，当时我也不知道能不能用上，但下意识地感到这书籍很有价值，必须先收藏起来。于是，我同部领导商量，说这堆书我买了。就这样，我收藏了日后学习书法派上用场的几本工具书，幸哉幸哉！当时虽然也有要练习书法的想法，但苦于工作繁忙，一搁置也就十几年过去了。

时光来到2016年，这时，我已下海经商十余年，不说功成名就，但此时的我工作轻松了，财务自由了，不用再为事业、生计奔波，可以做点自己感兴趣的事了。正当我思考要做什么时，真是无巧不成书，这一年或许是由于装修房子购买材料的缘故吧，我收到了不少商家寄过来的书法水写纸。就这样，从2016年开始，我借助《书法字海》等工具书及这些书法水写纸，开始了一年多的书法练习。也由此开启了追寻过去由于工作繁忙、生活无着而搁置的梦想。使用水写纸练了一年多后，于2017年，才正式用上宣纸写书法。半路出家起步练书法，完全是基于个人爱好，并没有成名成家的想法，今天能取得这点儿成绩，也算圆了我的书法梦。

三、对中国书法情有独钟

中国文化源远流长、博大精深，而中国书法是中华民族传统文化思想最凝练的物化形态，是中华文化的一种特有符号，是中华文化的重要组成部分。一支毛笔，负载起千年的历史重托，记载了中华民族的文明史。宣纸上写下的一点一横、一撇一捺变化无穷，点线的奇妙组合，使得空间形式无限扩展。

它无色而具有图画的灿烂，它无声而有音乐的和谐。一部中国书法史，就像一条奔流不息的长河，绵延不绝，博大精深。书法在中国的流行是如此广泛，它对知识阶层精神生活的影响是如此深远。它在世界艺苑独树一帜，放射出灿烂的光芒，从中华大地走向世界，其魅力世界公认。

中国书法在民族艺术家庭中独受宠爱。长期以来，无论是在世界的认同中，还是本国人的民族情结里，它一直是最能代表中国文化精神、最能代表中国的艺术。在几千年的演变历史中，中华民族的文化精神、哲学思辨、美学思想及其人文情怀，都在书法中获得了尽情的抒发和深刻的体现，甚至可以说，在中国众多的艺术门类中，没有哪种艺术形式比书法更直接、更深刻地体现中华民族的文化本质和精髓。

书法这门艺术，自古以来就深植于中国人的日常生活中，是中国最有群众基础的艺术，而它的境界又远远超逸人们寻常的生活之外。它美化人们生活，使艺术生活化，它之所以长久不衰，是因为它表现的是中国人的智慧与创造力。书法是中国人的独特创造，从某种程度上可以说，它是世界上最独特的对应人类心灵的一种表达方式，也只有中国人才以如此美丽的方块字来表述人文和传承文化。

上千年来，上至帝王将相、文人墨客，下至贩夫走卒、平民百姓，都倾心于书法，陶醉其间，并为我们留下了一幅幅感人至深的书法图卷。中国人，尤其是文人，大都有书法情结，对书法从骨子里有着一种特殊情感。文字是记录语言的符号，是表达感情、传递思想的工具，而中国书法是汉字书写的艺术，文字与书法具有一种天然的血缘关系。所以说，中国书法既是入世的也是出世的，既是实用的又是艺术的。自古以来，人们除了用毛笔书写交流信息之外，还通过练习书法来修身养性，表达情感意绪，使之具有了艺术传播的功能。所以书法既是专业化的，又是日常化的，并在两者的交融中折射出人们的审美观与世界观。也因此，中国人把“字”看得很重，甚至称作人的“门面”，正所谓“字如其人”。

今天，人们对汉字书写的艺术追求更加强烈。因为人们认为，书法这门艺术是中国人襟怀品格、学养和才情的总和。书为心画，字如其人，这种比喻，只有中国人才能真正感受到。书法情结，作为一种传统文化心理，依然是中国人一个挥之不去的文化雅好、精神家园。

我爱上中国书法，就源于这书法情结。

书法探索

在跨入书法大门前，我对书法知识可以说是一无所知。连书法与写字有何不同、书法的真谛是什么、书法的艺术形式与文化特征是什么、学习书法应遵循什么步骤，等等，我均不了解。我完全是基于无知者无畏踏入书法大门的。通过学习探索，我才慢慢知道并掌握一些书法理论、方法与技巧。

一、书法与写字的区别在哪里

写字和书法都是依托中国汉字为基础而书写或创造，都是为了传达信息，都需要把字书写正确，不要有错别字。所以，我理解了先把字写好是学好书法的基础，写字和书法两者有联系但也有较大的区别。

无章法可循的不算书法。章法有小章法大章法之分：小章法即一字之内的点画关系如何布置；大章法即通篇字与字、行与行、正文与落款及用印之间的关系谋划、布置等，它要求一幅作品的字里行间有呼应、顾盼，要协调通畅而有整体感。大章法的组成主要包括字间关系、表现形式、正文、落款及用印等。

好的书法还需讲究用墨。墨有浓墨、淡墨、枯墨、燥墨、湿墨、润墨之分。淡墨，古人作书多不采用，但明代的董其昌爱用淡墨，及至近代便大量采用，并在一字之中，浓淡互用，笔画之间，彼此渗透产生丰富的意趣。

写字主要是在日常学习、生活、工作中使用，书法则是供人们欣赏的一门艺术。我们经常会看到不少字写得很不好看，甚至“歪歪扭扭”的“差劲字”，有人称为“丑书”的作品却倒是书法，而写得规规矩矩的字，很好看却称不上书法。你理解其中的内涵吗？要知道写字和书法虽然都要体现美感，但境界是不同的，写字是实用美，书法是艺术美。

东晋的王羲之说：“夫欲书者，先于研墨，凝神静思，预想字形大小、偃仰、平直、振动，令筋脉相连，意在笔前，然后作字。若平直相似，状如算子，上下方整，前后平直，便不是书，但得其点画耳。”此论阐明了字与书的关系，尽管两者都依托中国汉字为基础而书写和创造，但两者是有区别的，区别概括起来有三个方面。

（一）两者的用途不同。写字是为了实用，而书法是为了欣赏。

（二）两者的特点不同。写字注意求同性，其点画结构要求稳定规范、正确。而书法则注重求异性，其点画结构讲究变化，讲究方法技巧、艺术现象、美学原理和文化渊源等。这一点是写字与书法的重大区别。

（三）两者体现的美感不同。写字是朝着实用美的趋势而发展，只要求端庄漂亮即可。书法则是朝着艺术美的趋势而表达，抒发作者的感情，使字的气势风韵表现出艺术的美和魅力，给人以熏陶作用。

二、书法的真谛（即书法本质）是什么

书法的真谛，有人用如下等式表示，即“书法的真谛 = 书法技法 + 感情流露 + 天然浪漫”。

首先，书法作品必须建立在一定的书法基础上，符合书法的法则，用笔、结构、章法要有模式尺度，要符合书法的审美观。如果胡写乱写、用笔不对、结构章法不好，都不叫书法。其次，好的书法作品里应有作者的真实感情流露。最后，优秀的书法作品还要有天然浪漫的感觉。正如东汉蔡邕所说，“书肇于自然”，也就是说，要创作出好的书法作品，需要书法技法。但单靠书法技法，是远远不够的。

三、中国书法的艺术形式、文化特征

书法乃中国独具的一种特定艺术形式。任何一种艺术形式都需要一定的物质媒介、工具材料，都是在一定的时代背景之下产生的，都有它的创造途径。中国书法这一艺术形式的产生也不例外。书法这种艺术形式之所以能产生在中国，是因为中国具有多种汉字符号形体这一先决条件和特殊的艺术表现工具——“奇怪生焉”的毛笔。中国之所以能从实用的书写中产生书法艺术，与中华民族所特有的汉字和汉字所特有的文化根

性紧密关联。

（一）中国汉字的书法艺术性

中国汉字不只是每一个字有一定的意义，而且每个字都具有完整的俨若自然的各种形体，笔画纵横交错、结构奇异多变、形态丰富多彩。在其千姿百态的形体结构中，有着人们从宇宙自然感悟的生命意蕴。从这一意义上说，每一个汉字都是艺术家通过书写进行生动的、具有生命活力的形象创造的基础。汉字之所以能成为书法艺术形象创造的基础，在于其构成中，深蕴着从宇宙万物中抽象而来的生命形体构成规律。加之造字者、书法者精神上有这种宇宙万物赋予的感悟、含蕴，并受到启示、暗示而形成的民族哲学、美学精神、文化意识所决定的。正是汉字固有的这些美学特征，才使得书法家们于随笔势、随心律的书写（书法艺术形象的创造）中有了与宇宙万物存在运动规律的契合。此中既有宇宙万物的存在运动规律，也涵蕴着宇宙生命，是一种内含宇宙精神的节律运动。通俗地讲，中国书法是以各类汉字体符号为原型的视觉抽象造型艺术，汉字形体是中国书法艺术得以产生的根基。

中国书法艺术的第一形式——中国汉字的四性之美，即偏旁合体性之美、笔画交构性之美、块架独立性之美和形体多样性之美，都具有可视的形体和态势，具备视觉造型的潜质。各类汉字体符号数量众多、千形万状、千姿百态、无一雷同，为中国书法艺术的视觉抽象造型，奠定了原型（雏形）基础，提供了取之不尽、用之不竭的造型素材和艺术资源。近代著名学者康有为在其《广艺舟双楫》中，曾提出了“书，形学也”的书法艺术命题，具有很高的学术价值。这就从源头上先天决定了中国书法艺术的抽象视觉造型的本体特性，是一种抽象视觉造型艺术，它所诉诸给人们的艺术形象是由笔画（线条）形态、墨迹所构筑的具有抽象的宇宙运动规律和生命律动意味的审美意象。

中国书法是一种诉诸视觉的抽象视觉造型艺术。各类汉字体符号是书法艺术的形式构成或意境形象创造的建筑材料，是构成书法艺术形式和形象的造型基础。书法艺术的形式构成或形象意境创造是通过汉字，利用“奇怪生焉”的毛笔、墨色的深浅、载体的渗化等物质材料的功用性能来构筑塑造的。因此，书法艺术的形式、形象、意境是感性的、千姿百态的、千变万化的，也是富有审美情感的。书法以其独特的线条曲直运动和空间分割方式，呈现出不同的艺术效果，最有冲击的便是比彩陶纹饰的抽象几何纹还要更为自由和更为多样的线条之舞。书法是一种蕴含着磅礴的视觉效果、情感表现和气势力量的线条的艺术。

陈敬友先生曾讲：“‘逸’本是指一种生活形态和精神境界……‘逸品’的一个特点是‘得之自然’，这个‘自然’是指表现一种超脱世俗的生活态度和精神境界。‘逸品’着眼于表现书法家本人的生活态度和生活情趣，这是重表现的倾向，也是所谓的写意的倾向。”如果说艺术符号就是艺术媒介，即艺术的物质表现手段，那么中国书法不但是以各类汉字体符号为表现对象的艺术，还是以各类汉字体符号的点画（线条）形状、字形结构为媒介的二次艺术创造，是对汉字体符号能指中“形”的艺术功能的拓展，是在此“形”的基础上，发挥艺术想象力，进行艺术再创造的结果。

书法艺术形式的生成根源于汉字的“象形”性，“象形”性，就意味着有形、有象、有势，有了发展成为艺术的基础元素和可能性。而无论怎样发展，汉字“象形”的品格不仅从来没有丧失过，并且还将象形性的原则贯彻到底，具备了成为书法艺术形式的先决条件，这是其他文字书写形式无法与其媲美的。同时，书法艺术还具备了艺术创作特有的工具——毛笔。书法艺术所需的这些生成要件，使用其他文字的国度都不具备。

（二）中国书法的民族性

中国书法是从中华文化的羊水中诞生，也一直受到中华文化的滋养，这种文化品格在数千年的发展中始终没有改变。书法艺术的民族特征，包括书法发展问题在内的基本前提、大的原则、不可逾越的底线，否则便不是中国的书法艺术。因此，一切离开汉字的其他任何所谓的书法艺术创造发展的方式和途径，都是南辕北辙、背道而驰的。它们有可能产生抽象绘画或其他新的艺术形式，但与中国书法艺术的创造和发展毫不相关，甚至是以牺牲中国书法艺术为惨重代价的。书法成为艺术的根本前提，就在于对汉字的书写。作为具有空间结构意义的汉字个体，都有自己独特的原形，都具有图像的特征。而这些空间结构的差异性特点，往往呈现出不同的生命意义，这些本身就蕴藏着巨大“空间形式美”的表现潜质。

从当代中国书法艺术的发展现状来看，在强调中国书法的汉字空间审美的同时，还要进一步坚持书法艺术可读性即“字义内容”的必要性，以便从文化心理积淀的层面来增强对书法美的欣赏，进一步增强当代书法艺术的文化品性，促进当代对书法艺术命运和生态的新一轮反思，即对当代书法艺术由“观赏”向“阅读”转型的探索。由于“观赏”书法关注的是艺术表现，诸如技法、形式、流派、风格、抒情性和创造性等方面的问题，因此作品所书写的文字内容（字义内容）似乎不那么重要。这样，书法艺术与书写汉字中本来必然包含的阅读功能，就不知不觉地被削弱稀释了。书法是汉字的书写艺术，既写汉字，则书写的文辞内容必有意义，可识可读是它的基本前提。几千年的书法史就是这样走过来的。即使今天的中国书法已经完全趋向于艺术表现，书写的内容（字义）与识读成为可有可无的因素，但只要中国书法艺术创作的对象（汉字）没有改变，汉字的识读性就是必然的、客观存在的、不能回避且永远伴随的，并自然而然地成为书法艺术审美内涵的一个不可或缺组成部分。正是由于对书法“观赏”功能的偏重和对书法“阅读”功能的畸轻，给当代中国书法艺术创作带来一系列新的发展困境。由此可见，当代中国书法艺术创作发展的今后趋势，除了注重发挥书法艺术的观赏功能外，还要找回丢失的文化内蕴，复归本性，强化艺术审美阅读的综合效应，丰富艺术的审美内涵，进一步提升其艺术、审美和文化品位。

我们应善于“发现或批评古人的不足，同时取诸长处，从而将颜书的开张、柳书的紧结与骨力、欧书的奇崛、褚书用笔的自然多变了然于心、形之于手，以丰富自己的艺术创造”。中国书法作为中华民族本土原创的一个独具的艺术形态，必须要永远固守它的民族本位性和文化根性。中国书法产生于中华文化的内部，生长于中华文化的沃土，并在长期的发展中成为中国文人艺术的标志。因而无视中国书法的文化性、文人性和精英性，而仅仅从技艺、形式、造型、流行、时尚等形而下层面来看待中国书法，是无法真正领悟中国书法形而上的博大精深的奥赜。

由上述可知，中国书法是汉字的书写艺术，既写汉字，则书写的文辞内容必有意义，可识可读是基本前提。书法艺术是中华文化这面镜子映照出来的一个内涵丰富、意味隽永的艺术影像，是中华文化的一个活的载体。如果没有中华文化这面镜子，没有中华文化做支撑、做后盾，只作为简单的一种空间存在，也只剩下汉字的书写方法和书写工具意义而已，也就谈不上艺术，谈不上“道”了，这是中国书法作为艺术的安身立命之根、安身立命之源、安身立命之所。中国书法之所以能在世界艺术之林中凸显自己的独特地位，成为独具一格的艺术式样，就在于它有着能与中华文化相表里、与华夏民族精神浑然一体的神奇与玄妙。中国书法正是因为其文化精神的独特属性，才显得凝练而丰厚、独特而多变，并无愧于中国文化艺术精神载体之名。

我完全赞同中国书法的艺术性与民族性，两者相辅相成，缺一不可！

四、自学书法的步骤

由于多种原因，我学习书法，采取的是自学法。因为在我看来，练习书法的目的是修身养性，能够快速上路当然更好，但慢慢琢磨，也不失为一种享受。根据前人总结的经验，自学书法，我基本遵循如下步骤。

（一）选帖

开始学习书法，一定要选一本符合自己的字帖。这非常重要，选帖是方向，方向对了事半功倍；方向错了，则事倍功半。

我早期选的书法字帖有：田英章楷书，行书《兰亭序》字帖，赵孟頫行书《千字文》字帖，赵孟頫临《圣教序》《三希堂法帖》，王铎行草字帖等。

（二）读帖

练字不读帖，就如同走路不看路，不记路，就会乱走，甚至迷路。选好字帖后必须经常观摩，仔细研究，这就是读帖。我经常一有空就读帖，包括上述字帖外，我还读了《三希堂法帖》。

（三）临摹

有了基础后，就要开始临写，用透明的纸盖在上面描写这叫摹。临和摹功效不同，临在于笔法，摹在于结构。我主要以临为主。

（四）背临

上述三步都是对着字帖进行的，这可以叫作“对临”。但总是对临是不够的，经过长时间的对临和记忆后，就需要开始背临了。背临就是离开字帖，把字帖上的字形、结构章法等尽量接近地写出来。我大约经过半年的临摹，就开始了背临。

（五）意临

前面几项，都是入帖阶段，深入字帖里去。到了这一步，就可以出帖了，这时就可以加上自己的理解和情感进入临写，还可以用自己所学习的字帖方法和技巧进行创作书法作品了。我背临半年后，就开始了意临。

以上是我自学书法的基本步骤。

我研习书法的心得体会就是三多：多读，多读几种帖，比较他们之间的异同；多临，争取临到与原帖相近；多背，将帖中的字尽量背下来，一次不行，再查再背，直至了然于心。

书法创作与理论探讨结硕果

一、书法创作风生水起

（一）五年勤学苦练收获满满

1. 一年后即登台表演书法秀

我从2017年开始研习书法至2018年春节，也就一年多时间，便在2018年富安居家居建材广场新春团拜会上，我应邀登台表演书法秀，受到嘉宾好评。出席晚会的嘉宾1000余人，我的书法秀节目还被评为晚会节目一等奖！

2. 两年后即连续举办两届个人书法展

我的第一届个人书法展于2018年10月在南宁市邕州老街爵郦书画馆举行，书法展出作品40余幅。出席书法展的书法家、书法爱好者及媒体记者数十人。南宁市书法家协会第六届主席黄大业、广西知名书法家赵祖明、书画收藏家林爵栋等到场指导。

我的第二届个人书法展于2018年12月在富安居家居建材广场举行。本次书法展主题为“健笔写诗书，倾情献爱心——叶健书法展暨爱心义卖”。广西壮族自治区政协原副主席潘鸿权、苏道俨，广西警察学院原党委书记林爵枢等领导及广西书法家协会常务副主席刘德宏，南宁市书法家协会主席潘继坦、副主席刘文静等到场祝贺。潘鸿权副主席还为书法展题展名“叶健书法展暨爱心义卖活动”。出席本次书法展的领导、嘉宾、企业家、书法家、爱心人士及媒体记者共近200人。

本次书法展暨爱心义卖筹得善款8万余元，全部用于资助11个特困家庭。

3. 三年后如愿加入南宁市、广西壮族自治区书法家协会

历经三年的勤学苦练，于2019年、2020年先后如愿加入南宁市书法家协会、广西壮族自治区书法家协会，正式成为书法家协会会员，倍感欣慰！感谢书法家协会领导的厚爱与支持！

4. 四年后应聘担任广西书法院副院长

经中国书法家协会第五、第六届理事，广西书法家协会第六届主席，广西书法院院长的推荐，并经广西书法院领导班子的评审，基于我在书法上的造诣与进步，于2021年7月被聘担任广西书法院副院长，正式跨入书法殿堂，由此开启一段更为丰富多彩的书法创作历程。

5. 五年后连续参加五场书法展

一是于2021年11月，我参加了由广西壮族自治区文联、广西壮族自治区直属机关文联主办，广西书法家协会、广西书法院、南宁市书法家协会

▲毛泽东《清平乐·六盘山》收藏证书

收藏证书

▲杜甫《登高》收藏证书

参展证书

▲《田汉七律·访冯子材墓》参展证书

收藏证书

▲毛泽东词《满江红和郭沫若》收藏证书

▲“喜迎党的二十大，建设壮美广西”作品集

承办的“八桂书风”精品展（见证书）。

二是于2021年12月应邀参加了“中国草书名家作品展”，书法作品杜甫《登高》被广西中国草书艺术馆收藏（见证书）。

三是于2022年4月应邀参加由广西壮族自治区直机关员工委等四部门、广西民族博物馆承办的“家和万事兴”广西家庭、家教、家风主题展，书法作品《田汉七律·访冯子材墓》（行书）被广西民族博物馆收藏（见证书）。

四是于2022年10月参加了由广西书法院主办的主题为“庆祝二十大，奋进新征程——广西书法院院士作品展”（见证书）。

五是于2022年11月参加了由广西壮族自治区直机关书法家协会“喜迎党的二十大，建设壮美广西”书画作品展，书法作品被收入作品集。

（二）书法创作广受媒体好评

我的第一届个人书法展，据核实，出席书法展现场采访及转载的传媒有：《广西日报》、新浪网、人民网、南宁新闻网、广西新闻网、中新网、今日头条、网易、非遗文化网、时代名人、名人艺术等。其中《广西日报》的报道如下：

书写企业文化新篇章与人生新高度
叶健书法展在南宁举行

《岳阳楼记》《兰亭序》《将进酒》等行楷、行书、行草书法作品清秀俊朗；《惠风和畅》《天赐鸿福》《厚德载物》等行书作品大气恢宏……10月24—29日，叶健书法展在南宁市邕州老街爵郦书画馆举行，展出的40幅作品均是叶健研习书法多年来的精品力作，这次书法展的成功举办，让人看到了一个在商海中摸爬滚打的企业家精彩的另一面。

在商味越来越浓的当下，企业家为什么反而越来越重视书法文化？叶健告诉记者，这正是现代企业家在个人品位方面的升华，也有利于树立良好的企业形象。富安居成立12年以来，以诚信经营赢得了众多顾客的喜爱，叶健作为富安居的董事，致力通过书法来修身养性，通过书法来丰富富安居的企业文化，提高富安居的文化软实力。

叶健书法有风格，观众盛赞书法展

观叶健书法，并听他侃侃而谈。叶健认为，书法是中国文化的核心。中国的文字乃至书法艺术的特性，契合了中国文化的特质。上至历代君王，下至普通百姓，书法都与之密切相连。可以说，书法是最能代表中华民族特质，又有广泛群众基础的艺术。

在南宁被评为“广西书法名城”之后，喜爱书法、研习书法的爱好者越来越多。很多书法爱好者经常参加书法学习班，学习书写技巧，他们还喜欢欣赏书法家的作品，从中获得启迪。

得知10月24日，叶健书法展在南宁市邕州老街爵郦书画馆举办，数十位书法爱好者兴致勃勃赶来参观交流。在6天的展览中，观众络绎不绝，有的询问书法作品售价，有的了解书法作者背景，还有不少书友现场挥毫泼墨，切磋技艺。

叶健的一幅幅书法精品展示在典雅的爵郦书画馆内，行书大作《裕逸康宁》《家和万事兴》《天道酬勤》……形质坚毅，神采俊朗，洒脱飘逸，行云流水，有如骨气与逸气并生。

一位书法爱好者赞扬道："叶健先生的行书自得王羲之的神韵，同时又透出其个人的独特风格，赏心悦目！"

《岳阳楼记》《兰亭序》《将进酒》等行楷、行书、行草书法作品也是让人眼前一亮。书法爱好者陈先生感叹道："我学习书法已有十多年时间，比叶健先生习得还久，但却还没能写出叶健先生笔下的韵味，可见叶健先生的书法技艺之娴熟。"

做有文化的企业家，厚积薄发展示书法

书法艺术源远流长，涵盖中国传统的文化、哲学、美学与历史。书法代表的是中国文化，"思想精深、艺术精湛、制作精良"，才能使书法真正焕发出当代的精神光芒。正是基于对书法这门中华民族国粹的热爱，无论生意多么繁忙，叶健先生仍下定决心坚持学习书法。

"我是工科毕业生，原不懂书法，但我一直有研习中华书法的情结，因此不管再忙再累都阻挡不住我去爱书法、练书法、研书法！"说这番话时，叶健掷地有声。

叶健在广西大学从教11年，还当了11年的广西某银行高管，随后下海创业担任富安居董事十余年。他不仅是一位拥有着大学副教授、银行高级工程师、国家注册房地产估价师等多重职称的奇才，还是一位知识渊博的儒商。叶健笑称："从教、从商，这些我都经历过了，丰富的阅历让我体悟颇多，我现在就想用一支毛笔把它写出来，再度书写企业文化新篇章和人生的新高度。"

从来没学过书法的叶健从最基本的研墨选笔、练习笔画开始，叶健不急不躁，慢慢操练，因为他知道"功夫在诗外"，只有苦练方能学得真本领。他认真临帖，不停练习；他虚心求教，不断修正；他细心体悟，渐入佳境。

功夫不负有心人，研习了多年书法后，叶健的书法在商界、书法界崭露头角，因此，随缘举办了首次书法展。书法展引起了南宁市书法家协会原主席黄大业的注意，黄主席亲临书法展并欣然题字祝贺。他赞扬叶健书法深得二王真意，并具个人的精气神，黄大业还毫无保留地给予叶健现场指导。

武鸣区政协主席赵祖明是位资深书法家，他在繁忙的公务之余特地赶来欣赏叶健的书法作品，他肯定地说："叶健的书法作品用笔自然率性，笔势气韵连贯洒脱，颇具韵律美，是商界中的骄傲。"

被称为南宁书法界新力量的南宁市公安局刑侦支队副支队长谢日根，盛赞叶健为人宽厚、温良恭俭，其书法作品体现出儒家温柔敦厚的谦谦君子形象，难能可贵。

在书法作品展上，叶健先生还与黄大业、赵祖明、谢日根等书友一起挥毫泼墨、切磋书法、谈古论今，不时传出朗朗笑声，真是好不畅快。

10 月 29 日，叶健书法作品展展出的最后一天，被人尊称为"老老师"的著名书画家陈宗才特地从宾阳赶到南宁，参观叶健书法展，并赞扬叶健的书法作品自然浑厚、瘦硬有度，充满了儒士的风雅，堪称商界中一股难得的清流。

用书法展现企业文化，文化发展促企业繁荣

如何把艺术的元素嫁接到商业，如何用对待艺术的处理方式去处理和协调各部门的关系，并把对艺术的处理方法和思维方式融汇企业的经营管理中，这是叶健常常思考的问题。叶健说：“文化是企业的灵魂，更是企业得以持续发展的原动力，未来企业的竞争就是文化的竞争，现实呼唤有文化内涵的企业家。”

叶健作为富安居的董事，一直坚持读书习字，修身养性，把做每一项工作都像书写每一幅书法作品那样，做到精诚极致，追求完美。

叶健认为，书法中墨分五色的笔墨技法之理，以及人们常说的“师法自然”等，与构建什么样的企业组织、人际关系、管理风格如出一辙，都明显地体现了中国书法、企业管理与中国传统哲学思想之间存在的渊源关系。书法还是企业文化最好的表达方式，能写一手好书法，既是个人修养的体现，也是企业文化的承载。

企业家学习书法，爱好书法，并非人人都要成为书法家，而是重点在于陶冶情操，培养高瞻远瞩、开朗豁达、自信率真的性格特征，一个有着深厚文化底蕴的企业家更能赢得人们的尊重。

多年的坚持不懈，叶健书法技艺精进，在企业经营管理方面更加地游刃有余，富安居的“诚信赢天下”理念也更加深入富安居人的心中。叶健决定，年底在南宁富安居国际家居建材广场再次举办书法展，届时将会展示近百幅充满着商道且昂扬向上的书法佳作。

叶健还计划在第二次书法个展后，把全部展品捐给富安居，作为“富安居迎新年，颂党恩，答谢南宁市新老顾客活动”的抽奖品，即只要在富安居下单的顾客，都有机会抽取奖项。抽到书法这一奖项的，可以自选一幅心仪的裱好装框的书法作品带走，出自企业家手中的书法自有一番韵味。

叶健说，自己的书法之路才刚刚开启，但要做好一个有文化、讲诚信、敢担当的企业家之路还很漫长，还需发奋努力。短短话语，让记者深深感受到眼前这位企业家博大的文化情怀和人格魅力，相信叶健将带动并影响着身边更多的企业家。（雷小琴、李绍权、韦尚鑫）

▲黄大业主席为叶健书法展题字

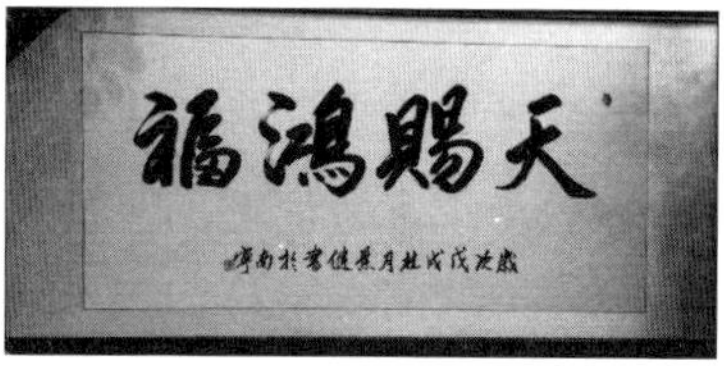

▲叶健书法作品

▲儒商叶健

▲南宁市书协原主席黄大业（中）参观叶健书法

▲著名书画家陈宗才（前）赞扬叶健书法

▲叶健书法作品

我的第二届个人书法展，出席现场采访及转载述评的媒体有:《广西日报》、网易、微博、微头条、中国网头条、新八桂、广西好声音、一点资讯、新浪网、中国新闻社、人民网、南宁头条、广西云客户端、中国扶贫杂志、广西新闻网、光明网等。其中《广西日报》的报道如下：

健笔写诗书，倾情献爱心

儒商叶健义卖书法作品资助 11 个特困家庭

群贤毕至砚池畔，翰墨丹青写春秋。12 月 16 日，“健笔写诗书，倾情献爱心”叶健书法展暨爱心义卖活动在南宁富安居举行，富安居董事、南宁市书法家协会会员叶健精选 110 幅书法力作进行展出，并进行义卖，义卖所得的善款 8 万元全部捐献给特困家庭。广西壮族自治区政协原副主席潘鸿权、苏道俨，广西警察学院原党委书记林爵枢，广西壮族自治区地税局原副巡视员肖西安，广西壮族自治区书法家协会、南宁市书法家协会有关领导、百余名书法爱好者、企业家、受助对象等参加了此次活动。

翰墨飘香展儒商风采

在商铺林立的南宁富安居家居建材广场五楼，翰墨飘香、宾朋满堂，此次活动，由南宁市书法家协会联合富安居、广西南宁标鼎家具有限公司共同主办。广西壮族自治区政协原副主席潘鸿权亲笔所题的展名“叶健书法展暨爱心义卖活动”特别醒目，一幅幅裱框精致的书法作品整齐有序地摆放在商场广场、店铺门前，精美的作品、颇具韵律美的诗词既有散淡飘逸的雅致，又有雄健苍茫的气魄，让人来人往的整个卖场，充满着浓郁的文化气息。

《安居乐业》《家和业旺》《业精于勤》《厚德载物》《气若幽兰》《天赐鸿福》等行书作品大气恢宏；《岳阳楼记》《兰亭序》《将进酒》等行楷、行书、行草书法作品清秀俊朗，叶健用110幅书法作品展现了自己的文化底蕴和书法功力，也献出了满满的爱心。当日上午10时，叶健首先致欢迎辞，随后中国书法家协会理事、广西壮族自治区书法家协会常务副主席、秘书长刘德宏致辞。刘德宏赞扬叶健是位充满爱心的儒商，书法继承传统，博采众长，有鲜明独特的个人风格。广西书法家协会副主席、南宁市书法家协会主席潘继坦致辞时也盛赞其书法匠心独运、笔墨酣畅，是个有社会责任、有担当的企业家。他认为一位有爱心又志存高远的书法家才能屹立于时代潮头。广西壮族自治区政协原副主席潘鸿权宣布叶健书法展暨爱心义卖仪式正式开幕，领导嘉宾们步入展览区，饶有兴致地欣赏叶健书法作品。

叶健的书法作品形质坚毅、神采俊朗、洒脱飘逸、行云流水，有如骨气与逸气并生，风格无拘无束、自成一体，令人印象深刻。广西大学卢绍教授与叶健曾经共事十年，对叶健的书法作品赞赏有加。他评价道：“人对于书法的学习是需要天赋和毅力的，二者缺一不可。叶健在广西大学教书时，就能写得一手好的硬笔字。因为有硬笔书法的基础，叶健写起毛笔字来更有气势、更有张力。”

“人如其字”，是广西大学机械工程学院原系主任龙有亮对叶健书法的评价，他说：“叶健的字洒脱飘逸、刚劲有力、坚韧不拔，就像他的为人一样。我和叶健一起在机械工程学院共事了十年，当我们工作半辈子退休时，他还在对中国传统文化情有独钟，不断研习书法，且精品频出，令人佩服。”

广西家具行业协会秘书长廖卫民赞扬叶健做事情一丝不苟：“我和叶健相识二十年了，他对工作、事业非常认真。几年前，叶健在外地做一个项目，身为老板的他放下身段，亲自带领工人在施工现场做工，从早八点忙到晚八点，事事身先士卒。如今叶健用对待工作的态度研习书法，所以才有了今天的成果。”

愿在研习书法中优雅老去

叶健曾在广西大学任教 11 年，又在银行从事业务管理 11 年之后下海经商，现任富安居董事。人生匆匆一甲子，叶健完成了在教育界、金融界和商界的三步跨越，他是一位拥有大学副教授、银行高级工程师、中国注册房地产估价师等多重职称的跨界奇才，同时也是一位谦虚好学、博学多才的儒商。

叶健笑称：“我是恢复高考制度下的幸运儿，为了事业，为了生计，一路奔波走来，所有成功都得益于党的政策好。”大约在 2014 年冬季，叶健即将步入花甲之年时，与大多数同龄人一样，心中不免有些茫然，是选择当一个无事老人渐渐老去，还是优雅地老去呢？他选择了后者，投身诗与远方和书法的学习中。当谈到自己为何选择书法时，叶健深情地说："书法艺术是中华文化的灿烂瑰宝，它可以修身养性，也能让人心灵震撼和律动。"

叶健介绍，自己年轻时就对书法向往不已，直到事业小有所成后，才开始正式研习书法。经数年临书苦练，终有所成。叶健对行书、楷书、狂草等字体融会贯通，并逐步形成了自己的风格。从今年起，叶健加快了自己的书法创作步伐，早起晚睡，创作了一百余幅书法作品，并应邀远赴苏州给砂板乒乓球世界明星对抗赛的中外运动员赠送书法作品，得到有关方面的赞誉，最近还荣幸地加入了南宁市书法家协会。

这些年，叶健因工作关系到过国内外不少地方，并创作发表了一些诗词。这次书法展就有叶健个人撰写的七律《纪念改革开放与恢复高考四十周年》《沁园春·西北行》，以及以富安居为题材创作的春联两联："富贵花繁福满院，荣华果硕喜迎门"，"富贵花繁歌盛世，荣华果硕舞金风"。横批均为："安居乐业。"叶健说希望用这种形式为企业注入文化的底蕴。

义卖助困爱心满满

对外交流弘文化，向内关怀助贫弱。本次书法展，不仅是展示书法，更是一次扶贫济困的爱心之举。为什么选择书法展与义卖相结合呢？叶健说，做公益活动的目的是要借助社会力量，对一些特别困难的人士进行精准帮扶，为他们树立生活的信心。同时，年终岁末，困难者会更加困难，因此希望能通过自己的劳动为特困人士提供点力所能及的帮助，这也是本次书展和义卖活动的初衷。

参与协办此次活动的广西标鼎红木家具有限公司时任董事

长马齐金说："红木和书法自古以来都是中华民族的文化瑰宝，都具备极高的收藏价值。叶健作为企业家带头做好事、做善事，我被他的义举所感动，所以我愿意支持本次书法展及义卖活动。"

欣赏了叶健的书法作品，嘉宾观众们都很是喜欢，有的在书法作品前合影留念，有的用手机拍照上传朋友圈，有的当即购买了几幅书法作品来收藏。富安居的董事庞雪妮、南宁百得胜总经理豆义全、大自然地板的董事长吴建国等老板也都认购了好几幅书法作品。认购最多书法作品的当属爱阁工坊的董事长汤建国，他一共认购了7幅作品，共计6500元。从玉林来富安居选购家具的林先生也被叶健的书法所吸引，他感动于叶健的博爱，立即认购了1000元的书法作品。匠艺百年董事长谢静特别欣赏叶健的书法更感动于叶健的爱心，她当场认购了一幅书法作品，并给11位受助人各送上了一份慰问金。广西紫裕园农业科技有限公司丹紫桑果酒总经理陈秋平作为嘉宾出席，她看到叶健所书的"志存高远"很是喜欢，立即就认购了这幅书法作品。她说："叶健董事的宽厚博爱，让我们特别感动，他所写的'志存高远'也是对我及企业的一个极大的激励。我希望更多的商家、爱心人士尽己所能帮助困难群众，让他们感受来自富安居及社会各界的温暖。"

这次义卖的书法作品，共获善款8万元，并现场捐给了11个特困家庭。他们中有脚患顽疾仍坚持上学的农秀亮瑶山三姐弟；有因意外烧伤的韦鲜花母女；有遭遇车祸生活不能自理的大学生李鹏真；有长期在扶贫一线工作的突患重病的记者林凡建；有因为家庭出现重大变故（亲人早逝、身患重病）仍坚持学习的李燕环、林盛、徐会、黄金惠、谭颖、华教铮同学。

坐轮椅来的受助大学生李鹏真特别感动，他用不太灵活的右手，触碰着手机屏幕，打出了“谢谢叶健董事和大家的大爱”的字样。林凡建因为重病住院未能到场，其夫人紧握着叶健的手说：“林凡建一直在帮助别人，没想到因为劳累过度突发重病，现在他又得到了大家的帮助，这是一个有爱的社会，一个值得感动的社会。”其他11位受助者也对叶健以及众多好心人鞠躬，表示感谢。

用文化软实力打造百年老店

一花引得百花开，这是叶健坚持在富安居倡导的文化理念，也得到了富安居广大商家的认可和支持，不少商家老板也开始注重把文化建设融入企业的发展。16日上午，广西壮族自治区政协原副主席潘鸿权、苏道俨还高兴地为富安居新落成的企业家书法俱乐部揭牌。

叶健说，企业文化是企业成功的载体，是一种软实力。企业既要有知名度也要有美誉度，知名度可以靠金钱买广告来宣传，但是美誉度却不能，它就像老百姓心中的口碑一般，决定着这个企业能不能长久地受老百姓欢迎。叶健表示，企业文化能凝聚人心，能催人奋进。今后将努力习书养德，努力做到像鲁迅先生倡导的那样有进步的思想和高尚的人格。

叶健目前正在把富安居的书法爱好者组织起来，大家共同学习和交流，努力把富安居培育成一个充满中华文化韵味的、有爱心有责任的、受人尊敬的企业，一个远近闻名、人人赞誉的百年老店。叶健说期盼更多的企业家关注文化、投身文化、提高学养，为建设文化创新型企业提供源源不竭的思想创造力和财富创新力。

▲书法作品义卖活动现场照片

▲书法作品义卖活动现场照片

（三）书法作品分享

2017 年至 2022 年，五年间我创作书法作品几百幅，其中 2018 年创作的 100 余幅作品，于 2018 年底的个人书法展暨义卖活动中，被爱心人士认购，筹得善款 8 万余元，用于捐献给特困人士。截至 2021 年 7 月，有 60 余幅作品收入叶健的《诗书挥笔》一书。截至 2022 年 7 月，又有近 30 幅作品收入《世界好书画》一书。现从中选出 30 幅，以资分享。

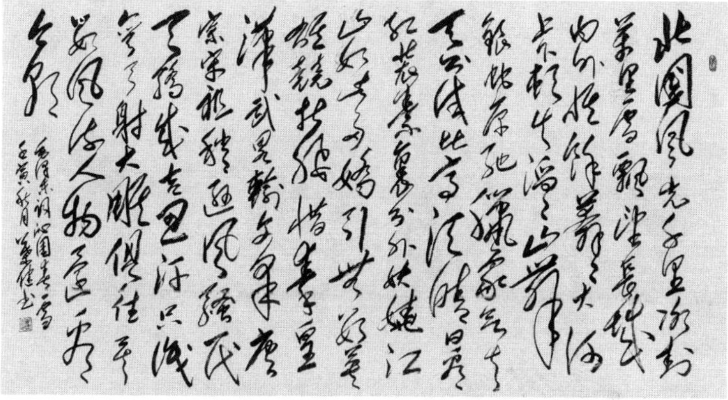

▲行草　毛泽东《沁园春·雪》

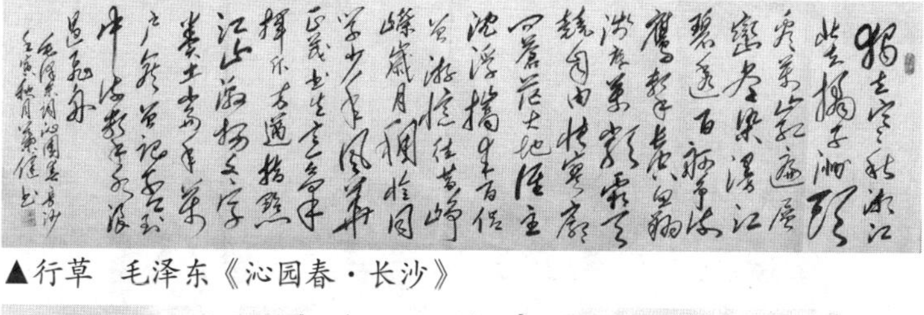

▲行草　毛泽东《沁园春·长沙》

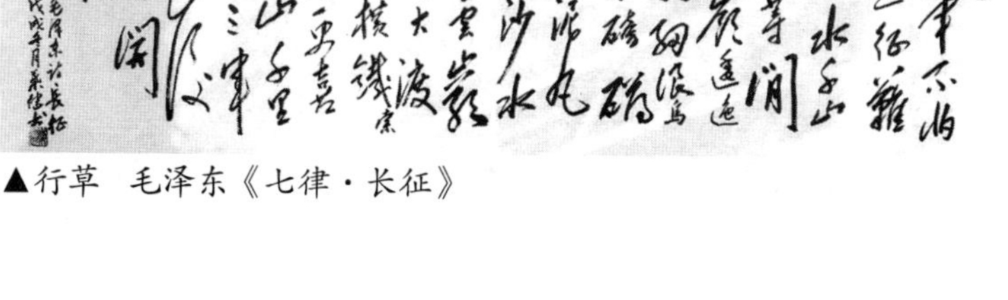

▲行草　毛泽东《七律·长征》

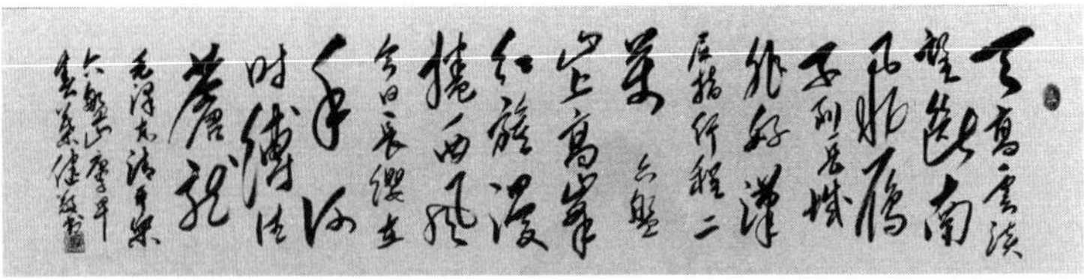

▲行草　毛泽东《清平乐·六盘山》

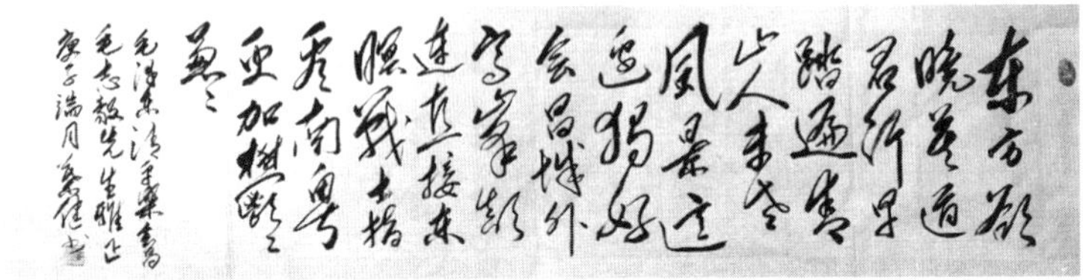

▲行草　毛泽东《清平乐·会昌》

▲行草　天道酬勤

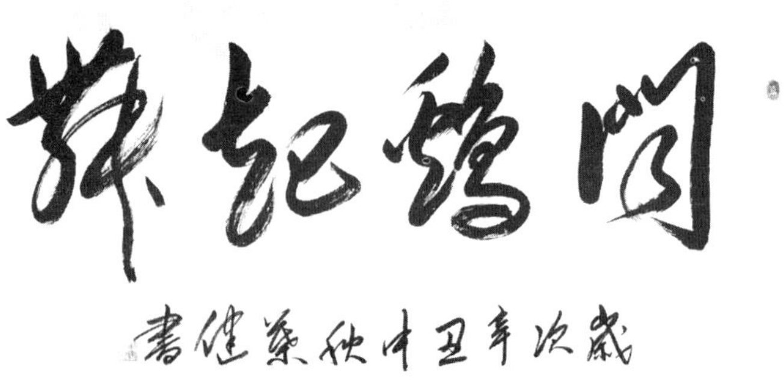

▲行草　闻鸡起舞

▲行草　心旷神怡

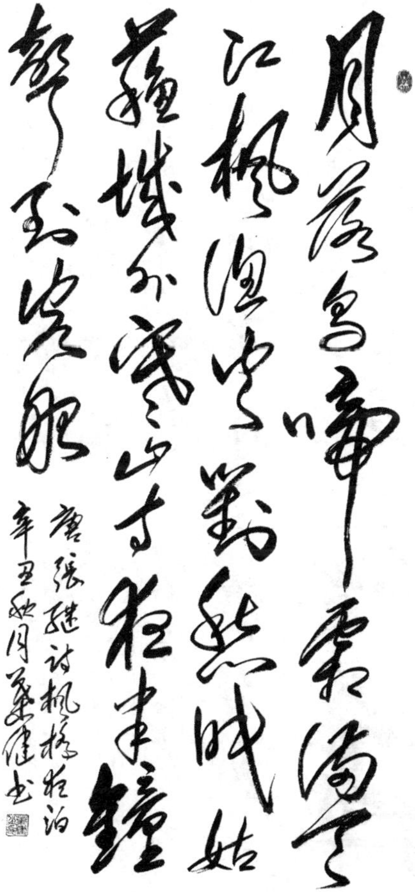

▲行草　唐·张继《枫桥夜泊》

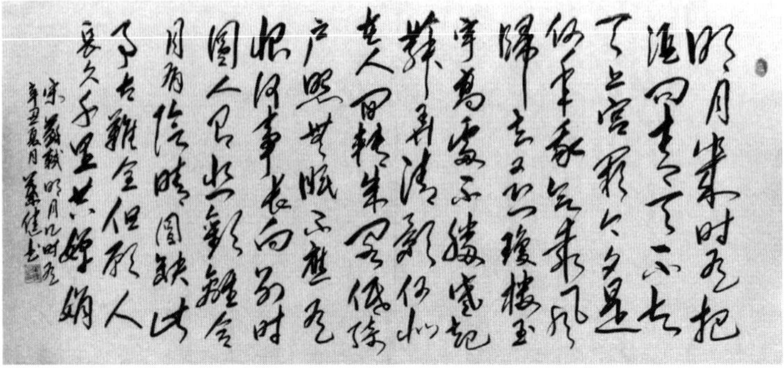

▲行草　宋·苏轼《明月几时有》

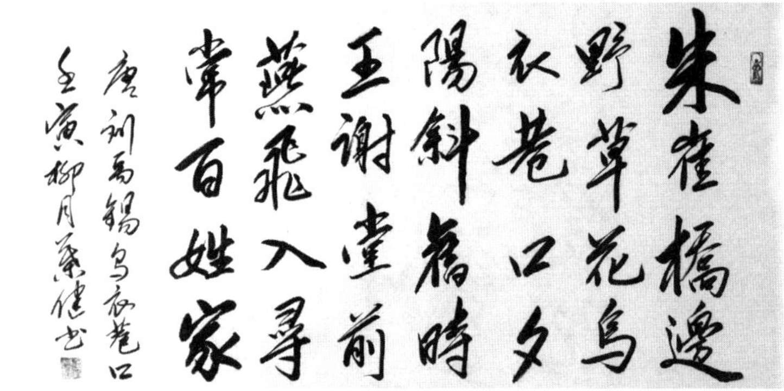

▲行书　唐·刘禹锡《乌衣巷口》

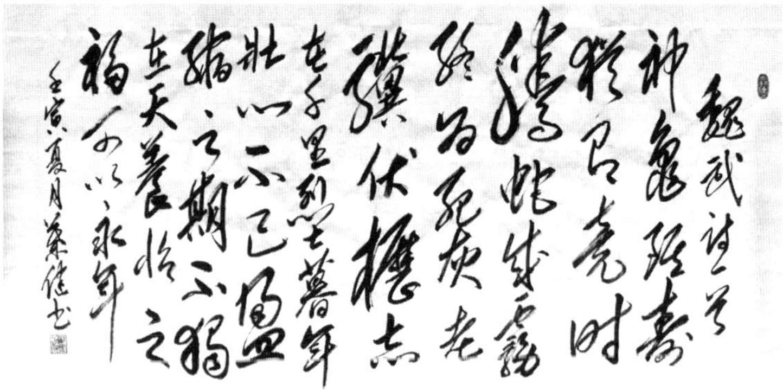

▲行草　东汉·曹操《龟虽寿》

▲行草　唐·李白《将进酒·君不见》

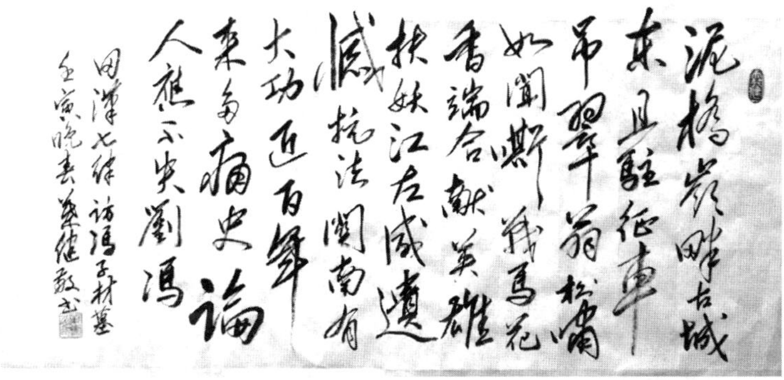

▲行书　《田汉七律·访冯子材墓》

▲行书　平安喜乐

▲行书　晴耕雨读

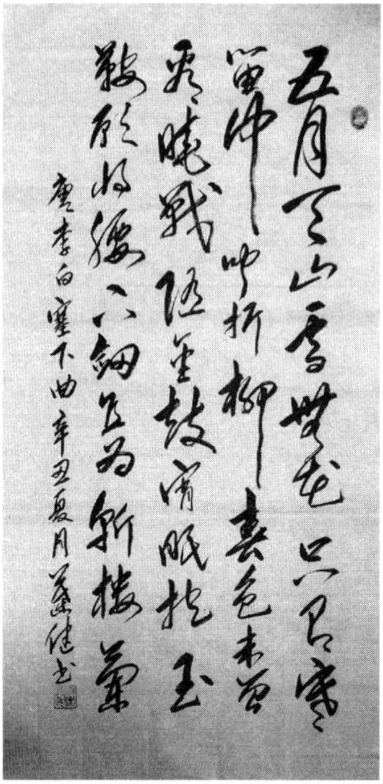

▲行草　唐·李白《塞下曲》

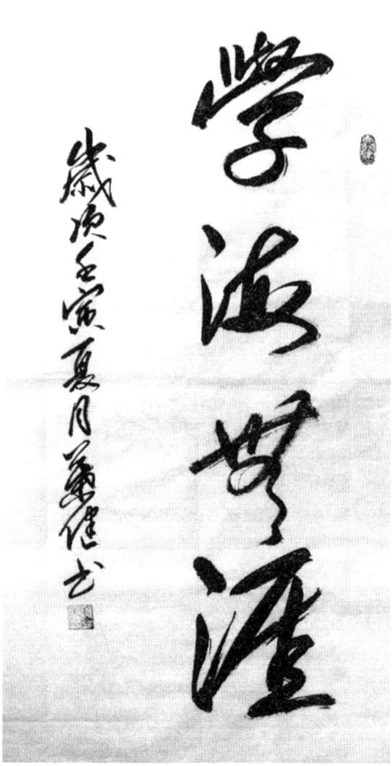

▲行书　学海无涯

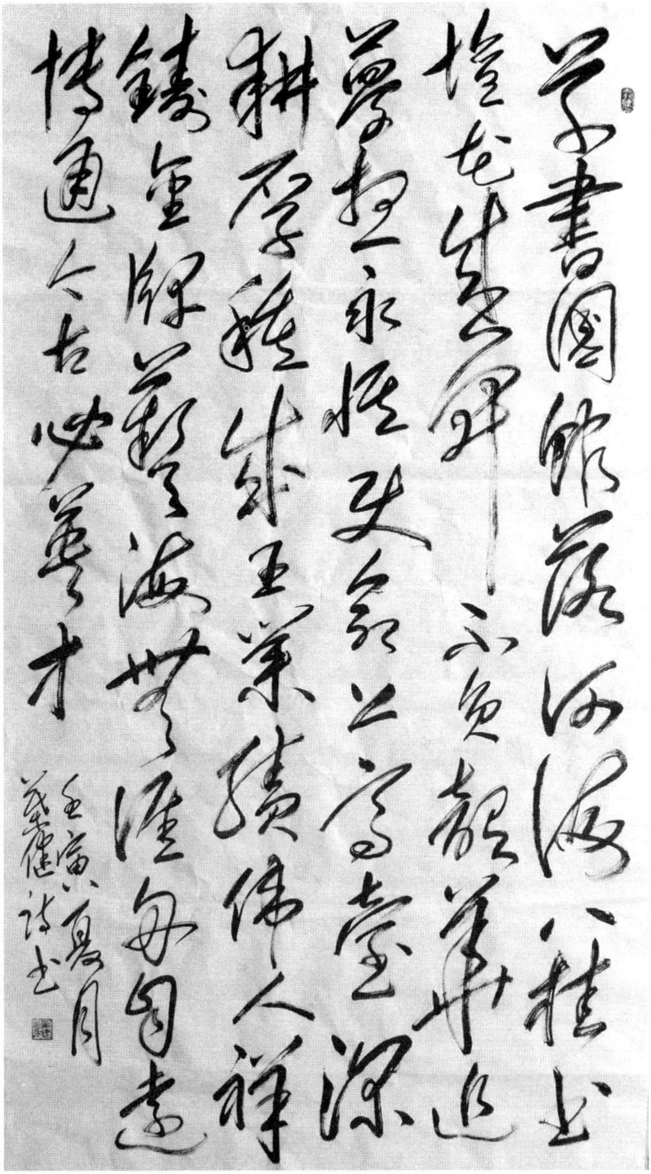

▲行草　叶健诗《贺草书国馆落河海集团》

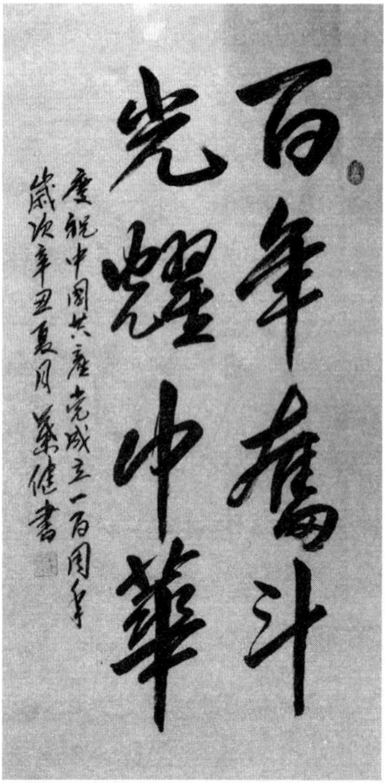

▲行书　百年奋斗 光耀中华

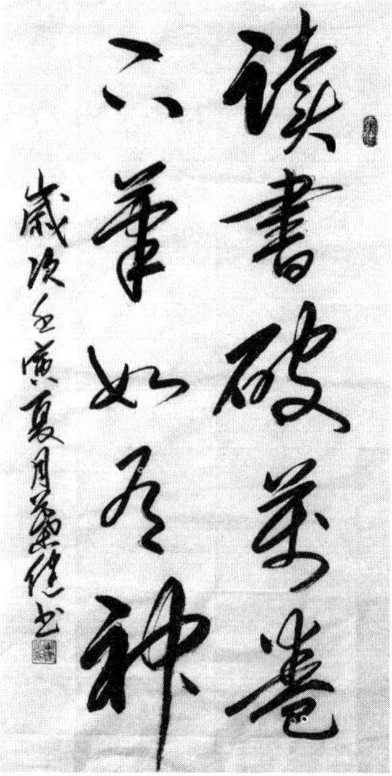

▲行书　读书破万卷　下笔如有神

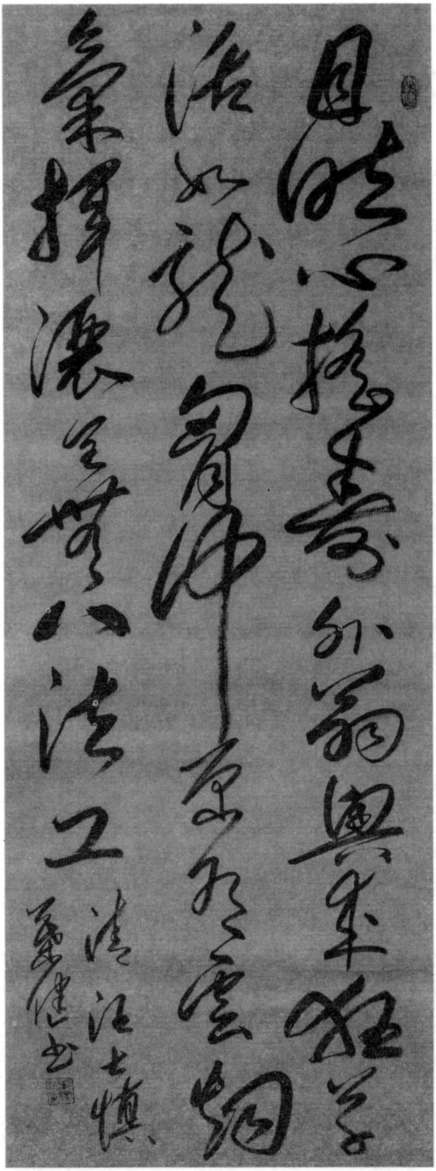

▲行草　清·汪士慎《论书绝句》

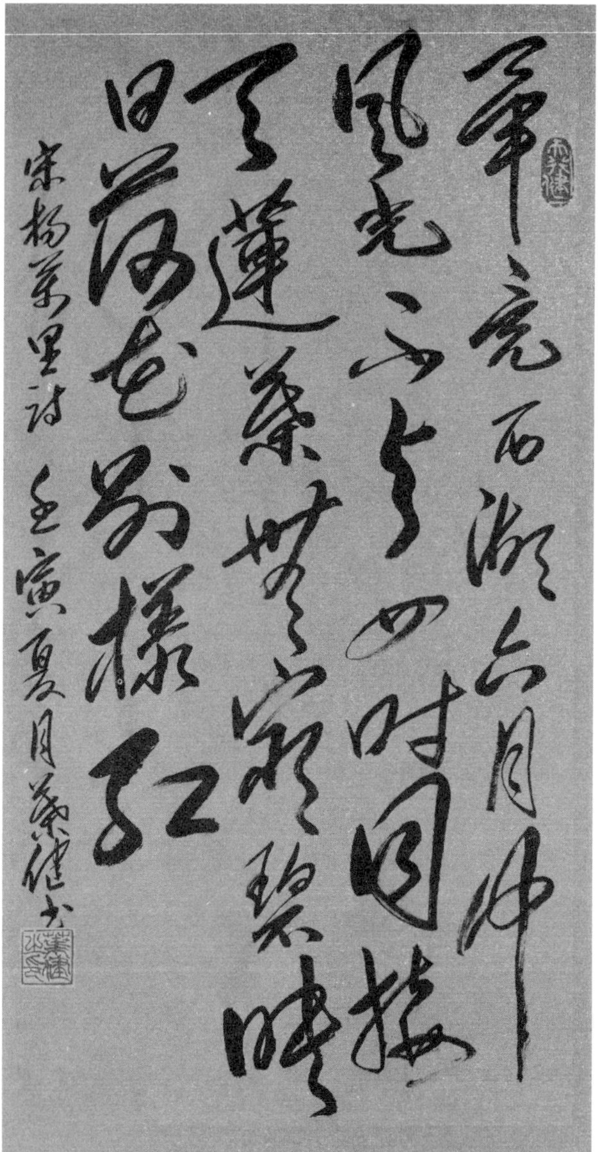

▲行草　宋·杨万里《晓出净慈寺送林子方》

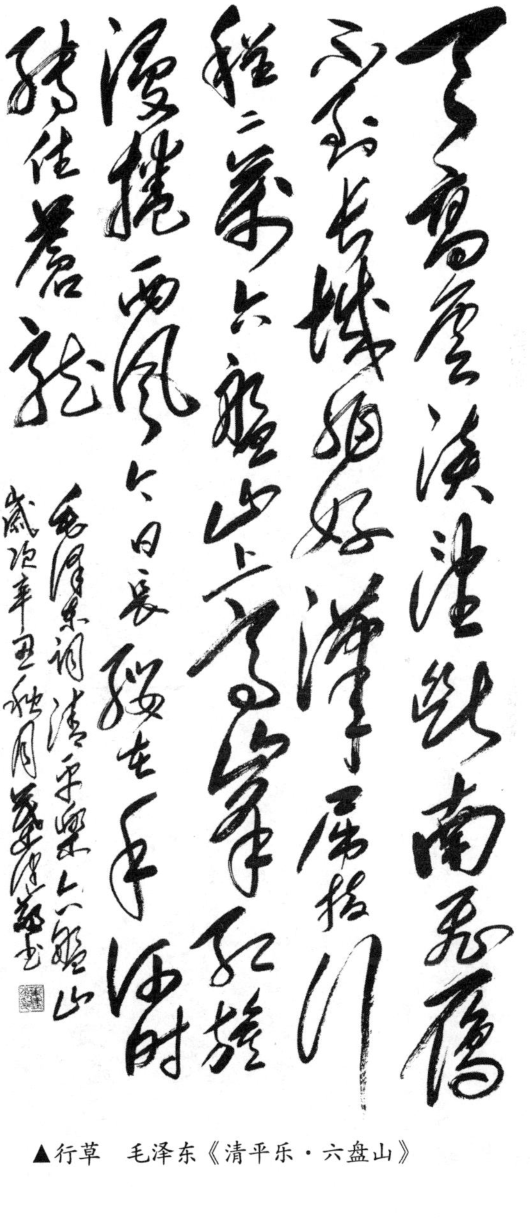

▲行草　毛泽东《清平乐·六盘山》

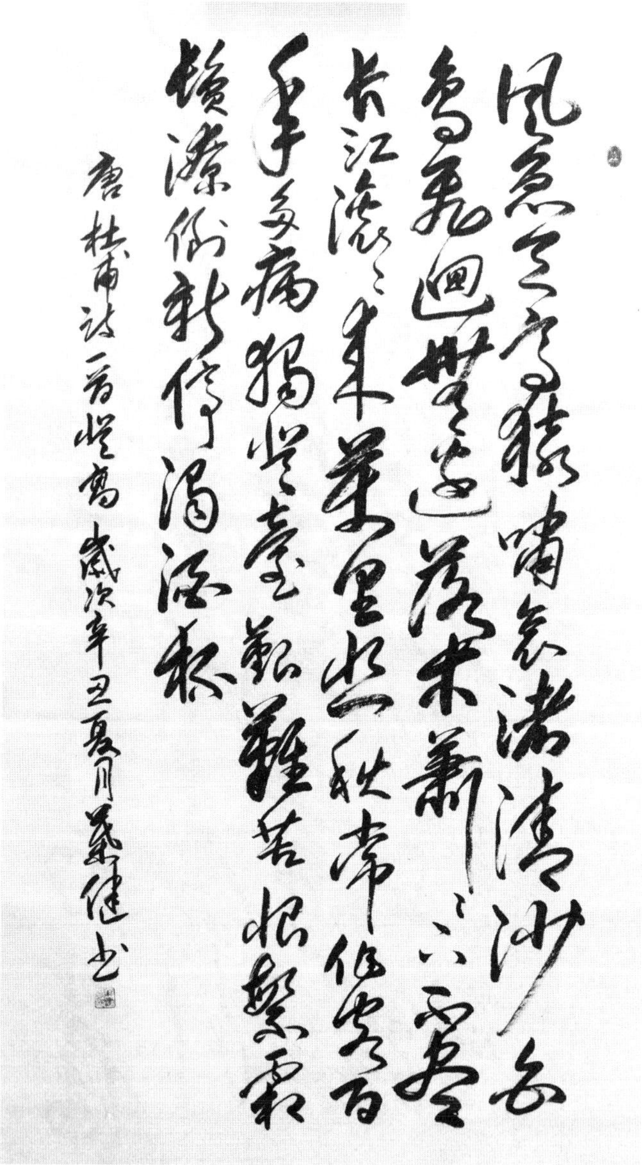

▲行草　唐·杜甫《登高》

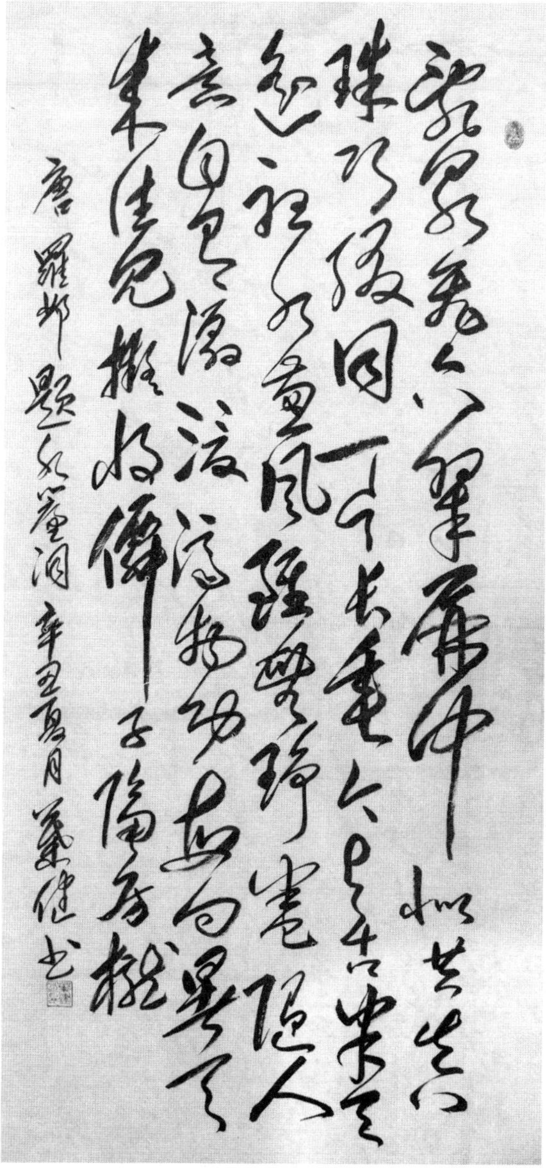

▲行草　唐·罗邺《题水帘洞》

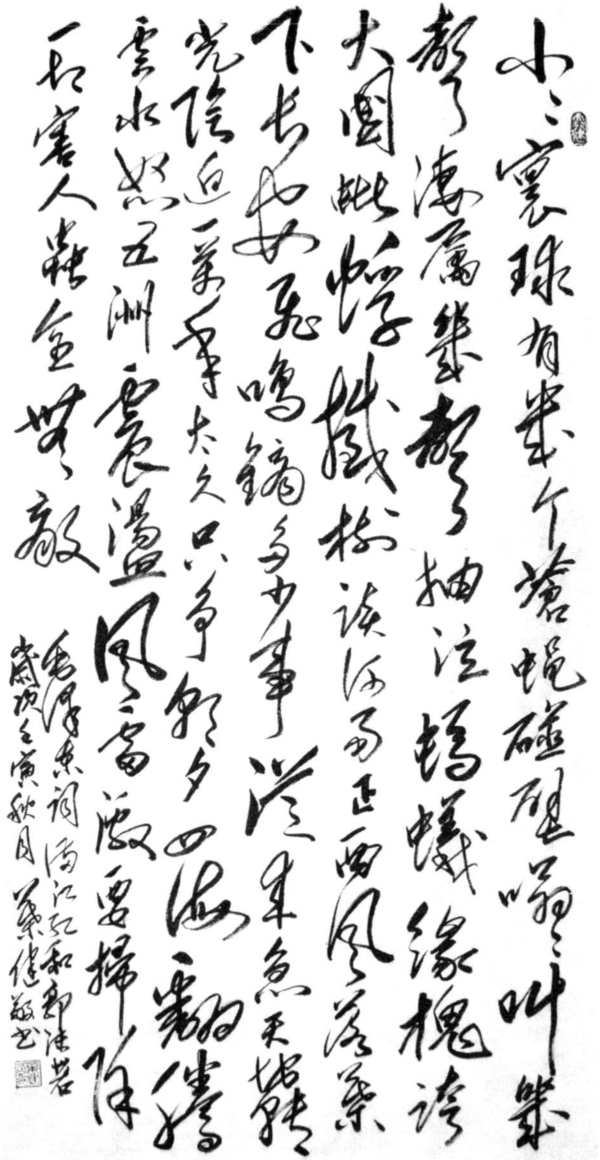

▲行草　毛泽东《满江红·和郭沫若》

▲行草　道法自然

▲行书　清·梁诗正《骆宾王帝京篇韵》

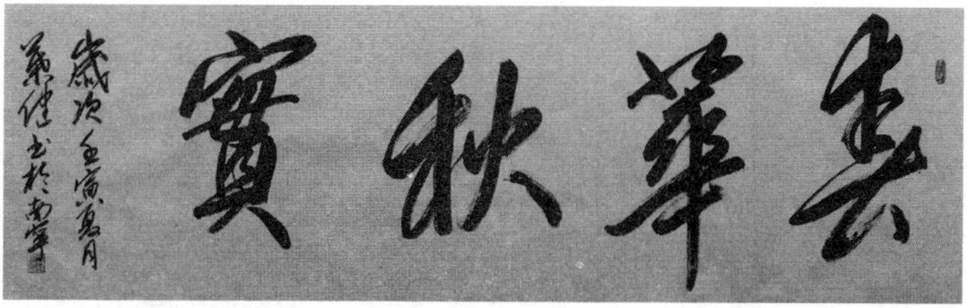

▲行书　春华秋实

二、理论探讨有所收获

2021年，应“八桂书风”精品展暨理论研讨会组委会的邀请，我在全面调查研究基础上，写出了题为《浅谈壮族书法名家在“八桂书风”中的群体风采》的探讨性文章，得到了组委会的好评，并被收录进“八桂书风”精品展暨理论研讨会论文集。附论文如下。

浅谈壮族书法名家在“八桂书风”中的群体风采

引言

“八桂书风”是由广西壮族自治区原党委副书记、广西壮族自治区文联主席潘琦先生倡导，历经罗殿龙、韦克义、石锋、刘德宏等广西书法名家十余年辛勤培育的文化品牌。

所谓“八桂书风”就是要从文化自信的高度，以传承中华民族文化基因的责任感打造一个具有岭南风格、时代风骨、大家风范与群体风采的八桂书坛品牌，这是广西书法人的一大喜事、盛事，这对践行文化自信具有重要的现实意义。本文试从壮族与汉字的渊源出发，简要论述“八桂书风”中的群体风采。

一、壮族是较早使用汉字的少数民族

壮族是个古老的少数民族，先秦时期，中国长江中下游以南至东南沿海地区就广泛分布着一个被称为“百越”的族群，分布于今广东、广西一带的西瓯、骆越就是其中一部分，他们当时还处于氏族部落社会的发展阶段。壮族先民在长期的生产实践和社会活动中为了便于记事和交流，在商周时期就创造了刻画符号。这种文字在壮族创世史诗《布洛陀》中称为sawgoek，意为“本源书”。后来，随着汉文化在壮族地区的广泛传播，壮族先民又吸取并仿造汉字“六书”的构字方法，创造出sawndip，意为“生造字”。这就是史籍所称的“土俗字”，又叫“方块土俗字”或“方块壮字”。这种文字有的是借用汉字的偏旁部首重新组合而成，有的是借用汉字注壮语音义，有些是创造的象形文字。因此，“本源书”和“土俗字”是壮族文字发展史上两个阶段的表现形式。

但秦统一岭南以后，秦王朝推行“书同文”政策，加上中原先进文化的传播，岭南地区的社会经济、社会制度发生了巨大变革，壮族先民开始读汉书，写汉字，讲汉语，用汉姓。故原有的古骆文字也逐步退出了壮族的视野，被汉字所取代，岭南地区的越人（壮族先民）逐步接受了汉字和汉文化。因此，可以说，壮族不是没有自己民族文字的少数民族，但壮族是较早接受并使用汉字的少数民族。而汉字属于象形文字，既然是象形文字就会出现对象形文字的审美问题，即怎么写才有美感的问题，这是书法的由来，也是壮族盛产汉字书法家的渊源。

二、广西的河池、百色壮族聚居地是盛产书法家的高地（书法家摇篮）

根据广西书法家协会的统计，广西书法家协会会员共2000余人，而壮族会员达600余人，壮族会员占比几近三分之一，而其中河池就达140余人，百色市100余人。可见，河池、百色市是盛产壮族书法家的高地。

为什么广西上述两地域盛产书法家与书法名家呢？这得从如下两方面说起。

（一）两地的文化底蕴

据史料，历史上河池出现过三朝宰相冯宗，一代廉吏于成龙、书法大家黄庭坚也曾在河池的宜州生活过，并在宜州留下了《书自草书古乐府后》《书自作草后赠曾公卷》《题东坡小字两轴卷尾》《游龙水城南帖》等书法名作，而《范滂传》是其绝笔之作，堪称帖学经典。因此近现代以来，在河池这片土地上，一代代河池人从小就受到了这种地域文化的影响与熏陶，故出书法家是有传承有基础的。

同样，百色地区也是有着悠久历史的壮族聚居地，甚至可以说是壮族的重要发源地。远古洪荒时代，人类的祖先就在这里繁衍生息，他们用双手创造了光辉灿烂的骆越文化和云贵高原文化。近现代更是中国革命圣地，红色文化也滋润着这片红土地。秀美的山河、悠久的历史、灿烂的文化，也为百色地域壮族书法家群体的形成提供了厚实的土壤。

（二）现代浓厚的文化氛围

据了解，河池与百色两地，自新中国成立以来，就一直很重视文化建设，成立于1959年的河池学院与前身为1938年创立的百色学院为该两地区培养了一代又一代建设人才。尤其是自改革开放之后，随着人民生活水平的提高，两地人民更加注重文化素质的提升。据不完全统计，该两地自20世纪80年代开始，各种类型的书法培训学校、培训班像雨后春笋，遍地开花，形成了以学书法为荣、以学书法为乐、以学书法修身养性的良好氛围。而专业书法家每年的书法下乡巡展为群众送春联等活动，更推动了民间书法人才的萌芽与成长。从而成了书法家的摇篮，盛产书法家与书法名家的高地。

三、壮族书法名家群体是打造“八桂书风”文化品牌的生力军、引领者

（一）八桂壮族书法名家群体的代表人物及其书法成就

1. 罗殿龙

罗殿龙先生，壮族，出生地河池，广西壮族自治区高级人民法院原党组书记、院长，二级大法官，广西大学法学院兼职教授，硕士研究生导师，广西大学校友文化研究院院长，中国书法家协会会员，中国硬笔书法协会会员，中国国际书画艺术研究会高级顾问，中国行为法学会法治中国文化艺术研究院顾问，中原书画院艺术顾问、特聘教授，广西政协书画院特聘艺术家，广西书法院名誉院长。罗殿龙先生草书雄浑厚重、含蓄深沉，行书飘逸洒脱、行云流水，楷书工整规范、隽秀俊逸，隶书婉转流丽、朴拙大气。

多年来，罗殿龙先生除了精心专注创作自己独特风格的书法作品外，还以一种敬畏艺术经典、孜孜不倦的探索和追求的精神，将中国历代的书法名家的传世名帖进行反复临摹，从而融入个人感悟，创作出不少精致传神的临摹作品，这些作品使传统笔墨与现代审美相融合。其于2021年举办的“敬畏经典——罗殿龙书法作品展”，在广西与北京等地掀起了一股“殿龙旋风”，获得巨大反响，取得巨大成功。其在“八桂书风”品牌建设中起到领导核心的作用。

2. 韦克义

韦克义先生，壮族，出生地河池，其1981年便当选广西民

族学院书法篆刻学会副会长；1984年当选河池地区第一届书协副主席；1993年受聘担任广西民族书画院副院长；1999年当选第四届广西书法家协会副主席；2001年书法作品入选由中国书协主办的“新世纪全球华人书法大赛”荣获优秀奖；2007年当选第六届广西书法家协会主席；2011年被评为中国书法十大人物。其书法作品被许多重要场所收藏。其书法作品以行草为主，五体皆善，书法以帖为型，以碑为骨，碑帖兼容，下笔沉稳，深朴厚重，明显得益于碑的锤炼，而满纸的灵动、流畅、洒脱、优雅之气则来自帖的浸润，字形结构规范，洗练明洁，外形俊秀，是书法家学养作用下的一种气质外溢之美，充满了“书卷”和“金石”的气息，是当今书坛传承和发展魏晋书风最成功的书法家之一。其于2021年在广西南宁开馆的“韦克义书法馆”，在广西首开个人书法馆之先河。其在“八桂书风”品牌建设中起到灵魂人物的作用。

3. 刘德宏

刘德宏先生，壮族，出生地河池，现为中国书法家协会理事、篆书委员会委员、广西书法家协会驻会常务副主席，全国第十一届书法篆刻作品展、全国第三届篆刻书法作品展等评委。其书法作品入展（含特邀）首届中国书法兰亭奖作品展、全国第十一届书法篆刻作品展、全国第十二届书法作品展、第十二届中国艺术节全国优秀篆刻作品展、伟业——庆祝中国共产党成立100周年书法大展，获全国首届篆书作品展三等奖，第五、第七届广西政府文艺创作铜鼓奖。其在“八桂书风”品牌建设中起到了积极的推动作用。

4. 石锋

石锋先生，壮族，出生地河池，中国书法家协会会员、广西书法家协会副主席、广西书画院院长，正高级职称、硕士研究生导师，广西大学、广西艺术学院、广西师范学院客座教授。其作品数十次入选国家级书法作品展，1998 年获第八届全国“群星奖”书法美术摄影展览优秀奖，2007 年获全国第九届书法篆刻作品展览三等奖，2009 年获第三届中国书法兰亭奖作品展获奖提名，2010 年入选中国书协“名家工程”五百强作品展，2013 年出版个人大型作品集《风烟具静——石锋书法艺述》，2001 年、2011 年两次获广西文艺创作政府奖“铜鼓奖”。此外，还三次获得广西书法篆刻展览一等奖。2010 年受聘广西首批签约书法家。其在“八桂书风”品牌建设中起到了积极的推动作用。

5. 韦渊

韦渊先生，壮族，出生地河池，现为中国书法家协会会员、广西书法家协会副主席、广西书画研究会常务副会长。其 1991 年考入西南师范大学中文系（现为西南大学人文学院）攻读书法硕士，师从徐无闻、荀运昌、秦效侃三位先生。1994 年毕业，获硕士学位。又于 2009 年考入浙江大学艺术学院，师从陈振濂先生，攻读书法博士，2013 年毕业，获博士学位。其书法作品曾获得广西书协主办的广西首届“万花奖”书法比赛优秀奖，第一届、第二届“黄庭坚奖”全国书法大赛一等奖，广西首届网络书法大赛一等奖，以及自治区政府主办的 2013 年广西艺术作品展览优秀奖，2015 年广西艺术作品展览优秀奖，2018 年广西艺术作品展览优秀奖，第八届、第九届广西文艺创作铜鼓奖，入选中国书协主办的全国首届手卷书法作品展、中国书法第六届新人展、中国首届西部书法展、全国第二届书法临帖作品展、全国第三届篆刻书法作品展，书法论文《清代唐楷：帖学到碑学的桥梁》入选全国第九届书法讨论会，专著《洛神赋》于2012年由重庆出版社出版。其在“八桂书风”品牌建设中起到了积极的推动作用。

6. 潘继坦

潘继坦先生，壮族，出生地崇左，研究生学历。现为中国书协会员、广西书协副主席、南宁市书法家协会主席、南宁同心书画院副院长、广西师范学院兼职书法教授。

2012年获南宁市“德艺双馨”文艺家称号。近年来，其书法作品先后入选中国书协主办的第六届“兰亭”书法新人展，全国第二届草书大展，第三届中国书法兰亭奖作品展，第二届西部书法展，全国首届篆书展，全国第八届、第十届书法展等国家级重要展览。其在“八桂书风”品牌建设中起到了积极的推动作用。

7. 闭理书

闭理书先生，壮族，出生地崇左，曾任广西书法家协会副主席（兼书法教育专业委员会主任），现为中国书法家协会书法教育专业委员会委员、广西壮族自治区直属机关书法家协会主席、广西教育学会书法教育专委会副理事长、广西中国画学会常务理事。现为广西师范学院（现为南宁师范大学）教授、硕士研究生导师，广西书法院副院长兼秘书长。一直从事高校美术、书法教育教学、专业学科建设、教育教学组织、美术书法创作及理论研究工作。

其书法作品多次参加全国和省级各类展览，先后获第三届中国书法兰亭奖教育三等奖，为广西在该奖项评奖中实现零的突破，同年被评为“广西书法十大人物”；指导多名学生在全国大学生艺术展赛获一、二等奖，并获教育部嘉奖；获第三届广西中青年书法篆刻展二等奖、庆祝广西壮族自治区成立40周年书法展二等奖、首届全国高校美术·设计大奖赛一等奖、广西高校廉政文化建设书画作品一等奖等。山水画作品《苍山不沉眠》获广西美展二等奖，《新绿——百色杧果之乡印象》获广西美展三等奖，《深山幽幽》入选第二届中国西部大地情全国山水·风景画作品展览。工艺美术作品获广西工艺美术作品暨大师精品“八桂天工奖”铜奖。

先后发表专业论文20余篇。主编全国普通高校重点教材《大学书法欣赏》(高等教育出版社)、《广西高校艺术/美术学院院长艺术作品集》，广西九年义务教育初中《写字》和小学《写字》教材。出版著作有《书法欣赏》《书法史概论》《楷书技法》《行书技法》。其在“八桂书风”品牌建设中起到了积极的推动作用。

8. 黄大业

黄大业先生，壮族，出生地南宁，中国书法家协会会员，广西书法家协会理事，南宁市书法家协会第六届主席，广西书法院副院长，广西楹联书画院院长，广西艺术学院特聘书法教授，中国硬笔书法协会驻广西工委副主席，广西青年书画家协会、广西华人书画院等荣誉会（院）长等。作品厚实雄健，畅达奇逸，尽显雅俗共赏的笔墨功夫及自由挥洒的豪迈个性，深受专家的好评和大众的喜爱。被中国书法家协会评为“中国书法进万家”先进个人，荣获南宁市政府第七届“五象工程文艺奖”。

其书法作品入选中国书法家协会举办的首届中国西部书法

展、第六届中国书坛新人作品展、中国千名书家精品走进奥运场馆展。入选纪念建军80周年中国名人名家书画精品展、全国名家书法作品展、广西草书30家精品展、广西书法名家作品展、“八桂书风”优秀书法作品进京展等百余次并多次获奖。编著或参编出版广西壮族自治区初中《写字》等书法教材。多次被聘为广西中小学书法教材评审专家。在北京奥运场馆、甘肃黄帝内经碑林等地有其藏品和碑刻。其在“八桂书风”品牌建设中起到了积极的推动作用。

9. 黄文勇

黄文勇先生，壮族，出生地百色，中国书法协会会员，曾任广西书法家协会副主席、百色市书法家协会主席、百色市书画院院长、百色学院客座教授、百色市政协科教文卫体委员会主任。其先后担任广西第一、第二、第三、第四届青年书法家作品评委，广西首届网络书法展评委。其作品曾获全国首届扇面书法艺术展一等奖，作品入选中国第六届艺术节国际书法大展、中日书法家自作诗书法展、泛珠三角“9+2书法展”、桂林全国书法各家作品展、海南建省20周年书法名家邀请展、中韩书法艺术展、首届中国西部书法篆刻展等全国性书法大展和《中国书法大事记·名家卷》等图书，并获得诸多奖项。2007年被中国书法家协会授予“中国书法进万家行动先进个人”荣誉称号。2009年《全国中青年书法家作品精选集·黄文勇卷》由中国文史出版社出版发行，全书共收录作者潜心创作的书法佳作95幅。其在“八桂书风”品牌建设中起到了积极的推动作用。

（二）壮族书法名家群体是“八桂书风”文化品牌建设的引领者

由上可见，八桂书坛壮族书法名家成就斐然，而这些书法名家在推动广西书法进步、打造广西书法品牌“八桂书风”中同样起到了引领者的作用。仅从近10年来，活跃在广西书坛的壮族书法名家的身影就可见一斑。据了解，第八届广西书法家协会主席、副主席共13人，而壮族书法名家就占了5人，而广西书法院名誉院长、院长及副院长共14人，而在具有书协会员资格的10人中，壮族书法名家就占5人，这实在是一道特别耀眼的风景线。

自2007年潘琦书记提出打造“八桂书风”文化品牌的战略决策起，历经各届书协努力，尤其是在第六届广西书协主席韦克义、副主席石锋、秘书长刘德宏等书法名家身先士卒、身体力行，积极带领广西书法家践行“八桂书风”，取得了很大成绩。一是加大教育培训力度，培养更多的书法创作人才。二是多方举办展览会，扩大“八桂书风”在全国的影响力。经过多方努力于2008年首次实现了由中国书协、广西区党委宣传部共同举办的第六届中国书法新人展在南宁举办。这是广西入选国展人数最多、获奖名次最高的一次（入选者达26人，获一等奖、二等奖各一人）。2009年在庆祝中华人民共和国成立60周年之际，广西文联与中国书协又联合举办了“八桂书风”优秀作品晋京展，让全国书法界对“八桂书风”刮目相看。尤其是2011年，由潘琦书记亲自带队赴北京中国书协申办第十届全国书法篆刻展，如期在南宁举办，更是引起轰动。从而让“八桂书风”文化品牌逐步得以形成。可以说，“八桂书风”品牌的背后，站立着一群壮族书法家、书法名家，充分展现了“八桂书风”群体风采。

结束语

“八桂书风”文化品牌建设，是个战略定位，是个系统工程，需要一届又一届广西书法领袖，一代又一代广西书法人的共同努力，共同拼搏才能取得成功。谨以本文献给那些为“八桂书风”文化品牌建设做出贡献的所有群体。

从2012年开始至2022年，我用了近十年时间（其中书法用了五年多），找回了儿时的诗、书梦想，也丰富了自己的人生之路，实在要感恩伟大时代，让我实现了人生诸多梦想。我将在诗书路上，不断探索，争取更大的进步，为弘扬中华优秀的传统文化做出自己积极的贡献。

后记

我的《遇见》一书出版了。

遇见有缘。在人的一生当中有数不完的遇见：遇见父母、遇见兄弟姐妹、遇见子女、遇见领导、遇见朋友、遇见贵人、遇见美丽风景、遇见幸福时光、遇见新时代、遇见发展机会、遇见最佳的自己，当然，亦可能遇见逆境、遇见艰难困苦、遇见不开心之事……

这些遇见，有的只是过眼云烟，有的则在自己的一生中，留下永不磨灭的印记。本书正是将自己生命中最珍贵、最难忘的所遇所见，还有所思所想，汇集成册，以飨读者。

我生于一个伟大的时代，让我有幸从教、从商、从文横跨人生的三大板块，遇见最佳的自己。我是幸运、幸福的人！

2022 年，是我大学毕业参加工作的第 40 年，40 年来，我遇见了数不完的好领导、好同事、好伙伴、贵人、挚友，谨以此书向他们表示衷心的感谢！

几十年来，多得父母的养育、兄弟姐妹的帮助，以及太太与女儿的理解与支持，成就了我，谨以此书向他们致以深深的敬意与祝福！

由于本人水平有限，本书如有错漏之处，敬请方家批评指正。

叶健

2022 年 8 月